Bibliothek der Mediengestaltung

Konzeption, Gestaltung, Technik und Produktion von Digital- und Printmedien sind die zentralen Themen der Bibliothek der Mediengestaltung, einer Weiterentwicklung des Standardwerks Kompendium der Mediengestaltung, das in seiner 6. Auflage auf mehr als 2.700 Seiten angewachsen ist. Um den Stoff, der die Rahmenpläne und Studienordnungen sowie die Prüfungsanforderungen der Ausbildungs- und Studiengänge berücksichtigt, in handlichem Format vorzulegen, haben die Autoren die Themen der Mediengestaltung in Anlehnung an das Kompendium der Mediengestaltung neu aufgeteilt und thematisch gezielt aufbereitet. Die kompakten Bände der Reihe ermöglichen damit den schnellen Zugriff auf die Teilgebiete der Mediengestaltung.

Weitere Bände in der Reihe: http://www.springer.com/series/15546

Peter Bühler
Patrick Schlaich
Dominik Sinner

Webtechnologien

JavaScript – PHP – Datenbank

Springer Vieweg

Peter Bühler
Affalterbach, Deutschland

Patrick Schlaich
Kippenheim, Deutschland

Dominik Sinner
Konstanz-Dettingen, Deutschland

ISSN 2520-1050 ISSN 2520-1069 (electronic)
Bibliothek der Mediengestaltung
ISBN 978-3-662-54729-8 ISBN 978-3-662-54730-4 (eBook)
https://doi.org/10.1007/978-3-662-54730-4

Die Deutsche Nationalbibliothek verzeichnet diese Publikation in der Deutschen Nationalbibliografie; detaillierte bibliografische Daten sind im Internet über http://dnb.d-nb.de abrufbar.

Springer Vieweg

Gedruckt auf säurefreiem und chlorfrei gebleichtem Papier

Springer Vieweg ist Teil von Springer Nature
Die eingetragene Gesellschaft ist Springer-Verlag GmbH Deutschland
Die Anschrift der Gesellschaft ist: Heidelberger Platz 3, 14197 Berlin, Germany

Vorwort

The Next Level – aus dem Kompendium der Mediengestaltung wird die Bibliothek der Mediengestaltung.

Im Jahr 2000 ist das „Kompendium der Mediengestaltung“ in der ersten Auflage erschienen. Im Laufe der Jahre stieg die Seitenzahl von anfänglich 900 auf 2700 Seiten an, so dass aus dem zunächst einbändigen Werk in der 6. Auflage vier Bände wurden. Diese Aufteilung wurde von Ihnen, liebe Leserinnen und Leser, sehr begrüßt, denn schmale Bände bieten eine Reihe von Vorteilen. Sie sind erstens leicht und kompakt und können damit viel besser in der Schule oder Hochschule eingesetzt werden. Zweitens wird durch die Aufteilung auf mehrere Bände die Aktualisierung eines Themas wesentlich einfacher, weil nicht immer das Gesamtwerk überarbeitet werden muss. Auf Veränderungen in der Medienbranche können wir somit schneller und flexibler reagieren. Und drittens lassen sich die schmalen Bände günstiger produzieren, so dass alle, die das Gesamtwerk nicht benötigen, auch einzelne Themenbände erwerben können. Deshalb haben wir das Kompendium modularisiert und in eine Bibliothek der Mediengestaltung mit 26 Bänden aufgeteilt. So entstehen schlanke Bände, die direkt im Unterricht eingesetzt oder zum Selbststudium genutzt werden können.

Bei der Auswahl und Aufteilung der Themen haben wir uns – wie beim Kompendium auch – an den Rahmenplänen, Studienordnungen und Prüfungsanforderungen der Ausbildungs- und Studiengänge der Mediengestaltung orientiert. Eine Übersicht über die 26 Bände der Bibliothek der Mediengestaltung finden Sie auf der rechten Seite. Wie Sie sehen, ist jedem Band eine Leitfarbe zugeordnet, so dass Sie bereits am Umschlag erkennen, welchen Band Sie in der Hand halten. Die Bibliothek der Mediengestaltung richtet sich an alle, die eine Ausbildung oder ein Studium im Bereich der Digital- und Printmedien absolvieren oder die bereits in dieser Branche tätig sind und sich fortbilden möchten. Weiterhin richtet sich die Bibliothek der Mediengestaltung auch an alle, die sich in ihrer Freizeit mit der professionellen Gestaltung und Produktion digitaler oder gedruckter Medien beschäftigen. Zur Vertiefung oder Prüfungsvorbereitung enthält jeder Band zahlreiche Übungsaufgaben mit ausführlichen Lösungen. Zur gezielten Suche finden Sie im Anhang ein Stichwortverzeichnis.

Ein herzliches Dankeschön geht an Herrn Engesser und sein Team des Verlags Springer Vieweg für die Unterstützung und Begleitung dieses großen Projekts. Wir bedanken uns bei unserem Kollegen Joachim Böhringer, der nun im wohlverdienten Ruhestand ist, für die vielen Jahre der tollen Zusammenarbeit. Ein großes Dankeschön gebührt aber auch Ihnen, unseren Leserinnen und Lesern, die uns in den vergangenen fünfzehn Jahren immer wieder auf Fehler hingewiesen und Tipps zur weiteren Verbesserung des Kompendiums gegeben haben.

Wir sind uns sicher, dass die Bibliothek der Mediengestaltung eine zeitgemäße Fortsetzung des Kompendiums darstellt. Ihnen, unseren Leserinnen und Lesern, wünschen wir ein gutes Gelingen Ihrer Ausbildung, Ihrer Weiterbildung oder Ihres Studiums der Mediengestaltung und nicht zuletzt viel Spaß bei der Lektüre.

Heidelberg, im Frühjahr 2018
Peter Bühler
Patrick Schlaich
Dominik Sinner

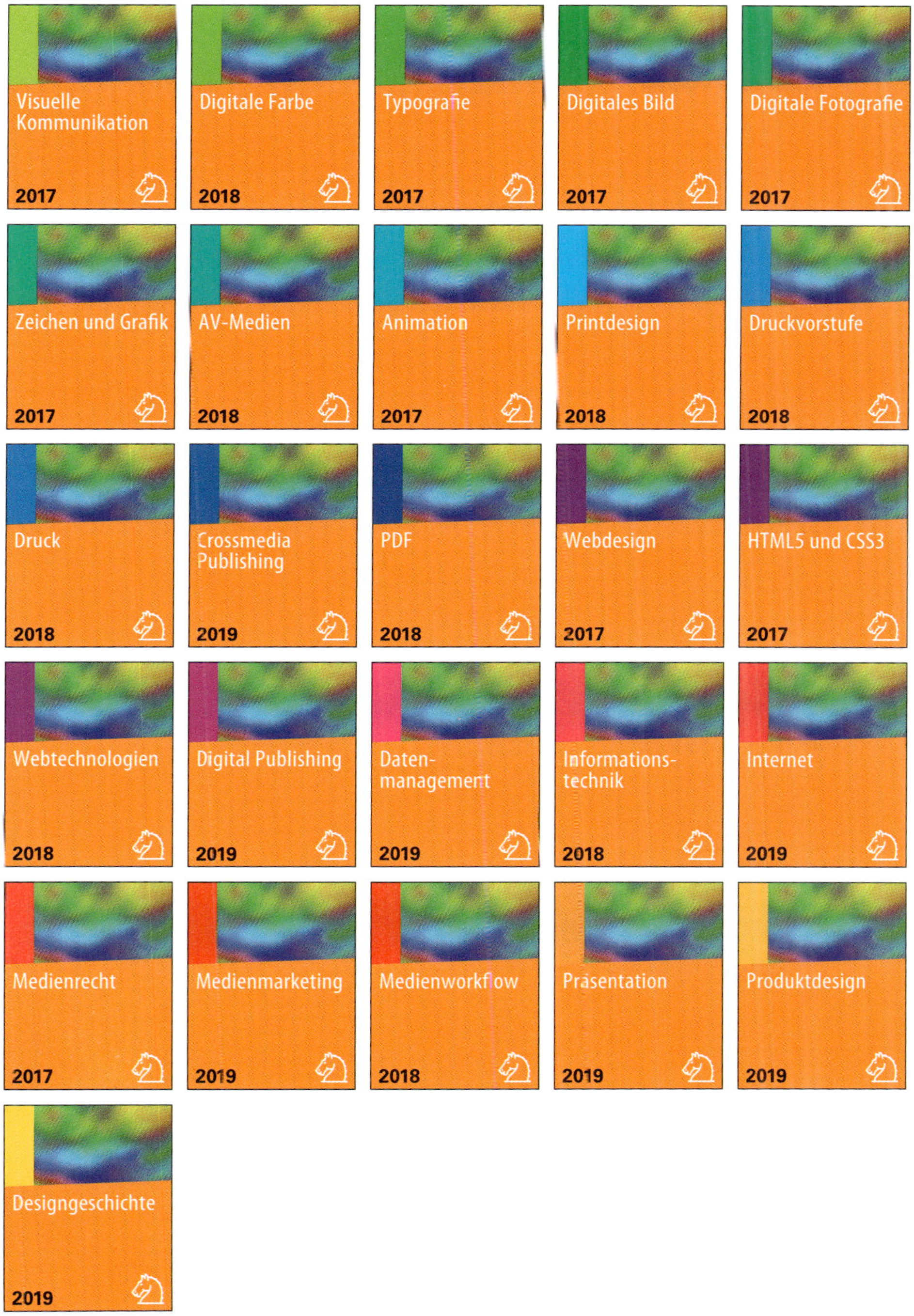

Bibliothek der Mediengestaltung

Titel und Erscheinungsjahr

Inhaltsverzeichnis

4 Datenbanken 68

5 Anhang 92

1 Grundlagen

1.1 Wozu dieses Buch?

Web im Wandel
Die Zeiten, in denen man mit unveränderlichen (statischen) HTML-Seiten sein Geld verdienen konnte, sind längst vorbei. Das Web hat sich innerhalb weniger Jahre zu einem überall und ständig verfügbaren Medium entwickelt, bei dem es schon lange nicht mehr nur um Webseiten geht.

Heutige Webseiten entstehen *dynamisch*, d. h., dass sie mit Hilfe einer Programmiersprache erst erzeugt werden, wenn ein Nutzer eine Suchanfrage stellt. Die Software im Hintergrund wird immer „intelligenter" – man spricht von Web 3.0 oder *semantischem Web*. Damit ist gemeint, dass die Eingaben der Nutzer auf ihre inhaltliche Bedeutung hin analysiert werden, damit gezielte und maßgeschneiderte Ergebnisse geliefert werden können. Es ist beängstigend, wie viel Information bereits heute aus unseren Datenspuren im Internet gewonnen werden kann, ohne dass wir Nutzer dies erahnen.

Ein zweiter Anwendungsbereich der webbasierten Programmierung sind sogenannte *RIAs (Rich Internet Application)*. Dies bedeutet, dass diese Software nicht mehr auf dem eigenen Computer installiert werden muss, sondern im Browser gestartet werden kann. Beispiele hierfür sind die Office-Pakete *Google Docs* oder Microsoft *Office 365*. Als Anwender merken Sie hierbei nicht, dass die Software nicht lokal, sondern auf einem entfernten Webserver installiert ist.

Drittens gibt es – wie Sie natürlich wissen – ein unüberschaubares Angebot an mobilen Programmen (engl.: Applications, kurz *Apps*) für Smartphones oder Tablets. Auch in diesem noch relativ neuen Geschäftsfeld benötigen Sie Kenntnisse in Design *und* Programmierung.

Grundkenntnisse in HTML5 und CSS3 setzen wir für dieses Buch voraus.

Content-Management-Systeme (CMS)
Alle größeren Websites werden heute mit Hilfe von Content-Management-Systemen erstellt. Dabei handelt es sich um Softwarepakete, die den gesamten Inhalt (engl.: content) der Website mit Hilfe einer Datenbank verwalten. Für das Design stellt jedes CMS zahllose Vorlagen (Templates) zur Verfügung.

Brauchen wir also keine Programmierkenntnisse mehr? Doch, mehr denn je, denn im Normalfall müssen Sie auch an CMS-basierten Webseiten Anpassungen vornehmen, die nur im Quellcode möglich sind. Es ist wie beim Autofahren: Solange das Auto fährt, ist alles gut, wenn die Ölstandslampe aufleuchtet, müssen Sie wissen, wo und wie Öl nachgefüllt wird.

Mediengestalter – Informatiker
Als Mediengestalter/in fragen Sie sich vielleicht: Was soll ich denn noch alles lernen? Und Sie haben nicht ganz Unrecht: Die Komplexität der heutigen Medienwelt erfordert eine frühe Spezialisierung und Arbeitsteilung.

Für die Programmierung sind deshalb in der Regel (Fach-)Informatiker/innen zuständig. Dennoch bleibt Ihnen als Webdesigner/in die Grundkenntnis von Programmiersprachen nicht ganz erspart, da Sie, um sich mit Informatikern unterhalten zu können, deren Sprache und damit auch deren Programmiersprache(n) verstehen müssen.

Dieses Buch verfolgt das Ziel, Sie in die Grundlagen der Programmierung mit JavaScript und PHP einzuführen. Dabei setzen wir voraus, dass Sie bereits über HTML5- und CSS3-Kenntnisse verfügen. Ist dies nicht der Fall, sollten Sie sich im Voraus mit der Lektüre des Bandes *HTML5 und CSS3* aus dieser Buchreihe beschäftigen.

P. Bühler, P. Schlaich, D. Sinner, *Webtechnologien*, Bibliothek der Mediengestaltung,
https://doi.org/10.1007/978-3-662-54730-4_1

1.2 Programmiersprachen

Die für Webapplikationen genutzten Sprachen und Technologien sind zahlreich. Hinzu kommt, dass dieser Bereich einem ständigen und rasanten Wandel unterliegt. Niemand kann vorhersagen, was in zehn Jahren wichtig sein wird. Gemäß Internetanalyse durch RedMonk[1] sind dies die momentan wichtigsten Programmiersprachen:

- JavaScript
- Java
- Python
- PHP

In *Kapitel 1* lernen Sie die Grundlagen des Programmierens kennen. Diese sind allgemeingültig und unabhängig von einer bestimmten Sprache.

Um die Grundlagen in einer bestimmten Sprache anzuwenden, müssen Sie dann nur die jeweilige Schreibweise (Sprachsyntax) kennen. Diese stellen wir Ihnen jeweils am Ende eines Abschnitts am Beispiel von JavaScript und PHP vor.

JavaScript

Bei JavaScript handelt es sich um eine *clientseitige Skriptsprache*. Dies bedeutet, dass JavaScript-Code nicht auf dem Webserver des Anbieters ausgeführt wird, sondern im Webbrowser des Nutzers (wörtlich: des Kunden, engl.: client). JavaScript wird beispielsweise dazu genutzt, um die Vollständigkeit von Webformularen zu überprüfen oder Benutzereingaben vor der Übertragung zu verschlüsseln. Wenn Sie ein JavaScript-Programm erstellen, können Sie es also immer direkt im Webbrowser testen. Seit Einführung des Webstandards HTML5 hat JavaScript enorm an Bedeutung gewonnen. Aus diesem Grund beschäftigen wir uns mit dieser Skriptsprache in *Kapitel 2*.

Java

Java klingt zwar ähnlich wie JavaScript, hat aber nichts damit zu tun. Es handelt sich um eine weitverbreitete und umfangreiche Programmiersprache, die von der Firma Oracle entwickelt wird. Trotz der Bindung an eine Firma ist Java kostenlos verfügbar.

Um Java-Programme ausführen zu können, ist eine sogenannten *Laufzeitumgebung* (Java Runtime Environment, JRE) erforderlich. Der Vorteil von Laufzeitumgebungen ist, dass Java-Programme auf allen Betriebssystemen lauffähig sind. Im Bereich der Webentwicklungen spielt Java allerdings eine untergeordnete Rolle.

Python

Bei Python handelt es sich wie bei Java um eine höhere Programmiersprache, deren Entwickler sich zum Ziel gesetzt haben, die Sprache möglichst leicht erlernbar und gut lesbar zu machen.

Im Unterschied zu JavaScript ist Python aber keine clientseitige, sondern eine *serverseitige Skriptsprache*. Das Programm liegt auf einem Webserver und wird dort ausgeführt.

PHP

PHP ist – wie Python – eine weitverbreitete *serverseitige Skriptsprache*, auf deren Grundlagen wir in *Kapitel 3* eingehen. In *Kapitel 4* geht es schließlich um den Datenbankzugriff mit PHP.

Um PHP-Skripte entwickeln und testen zu können, benötigen Sie einen Webserver. Mit *XAMPP* steht uns ein kostenloser und komplett vorkonfigurierter Webserver zur Verfügung, den Sie im Prinzip nur downloaden und installieren müssen.

1 Quelle: http://redmonk.com/sogrady/2017/06/08/language-rankings-6-17/ (Stand: Juni 2017).

1.3 Entwicklungsumgebung

1.3.1 Texteditoren

Ob Sie in HTML5, CSS3, JavaScript oder PHP codieren: Allen Sprachen gemeinsam ist, dass sie ausschließlich Text enthalten und deshalb grundsätzlich mit jedem beliebigen Texteditor erstellt werden können.

Wer es etwas komfortabler haben möchte, der greift auf eine *Entwicklungsumgebung* (Integrated Development Environment, IDE) zurück. Eine IDE sorgt beispielsweise dafür, dass Programmcode automatisch vervollständigt wird und zusammengehörige Elemente farbig dargestellt werden. Dies verbessert die Übersicht und erleichtert die Fehlersuche. Eine gute Übersicht textbasierter HTML-Editoren, die häufig sogar kostenlos (als Freeware) verfügbar sind, finden Sie bei Wikipedia unter de.wikipedia.org/wiki/Liste_von_HTML-Editoren.

NetBeans IDE

Mit *NetBeans IDE* steht Ihnen eine kostenlose und leistungsfähige Entwicklungsumgebung für verschiedene Programmiersprachen zur Verfügung.

1.3.2 NetBeans IDE

In diesem Buch setzen wir die kostenlose und sowohl für Windows als auch für macOS verfügbare Entwicklungsumgebung *NetBeans IDE* ein.

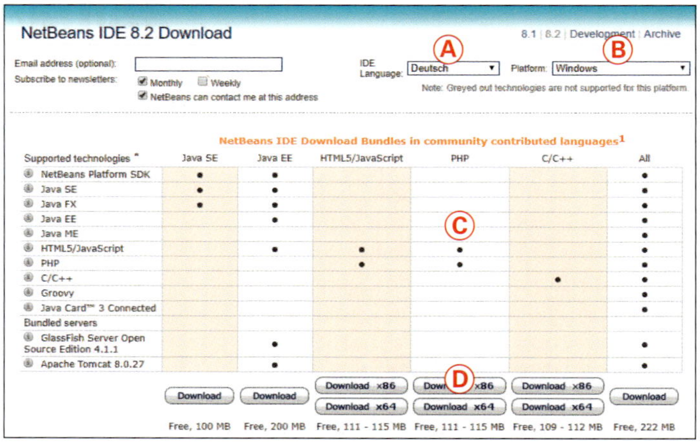

Installation – Making of ...

1. Öffnen Sie netbeans.org und klicken Sie auf *Download*. Wählen Sie als Sprache *Deutsch* **A** und Ihr Betriebssystem **B**.
2. Laden Sie die PHP-Version **C** herunter. (Für Windows gibt zwei Versioner. Wählen Sie x64 **D**.)
3. Installieren Sie die Software durch Doppelklick auf die Installationsdatei. (Hinweis: Zur Installation sind Administratorrechte erforderlich.)
4. Ihr erstes Projekt erstellen Sie auf Seite 11.

1.3.3 WYSIWYG-Editoren

Die seltsame Bezeichnung WYSIWYG setzt sich aus den Anfangsbuchstaben von „What you see is what you get!" zusammen. Frei übersetzt bedeutet dies, dass die Webseiten nicht im Quellcode (also mit HTML5 und CSS3) erstellt werden müssen, sondern in der Seitenvorschau. Vergleichbar mit einer Textverarbeitungssoftware können Sie – zumindest theoretisch – die Seiten also gestalten und formatieren, ohne dass Programmierkenntnisse erforderlich sind.

Marktführer in dieser Kategorie ist *Adobe Dreamweaver CC*. Es handelt sich dabei um eine sehr mächtige Web-Entwicklungsumgebung, bei der Sie wahlweise im Vorschaumodus oder im Quellcode arbeiten können. Wenn Sie ohnehin über eine Creative-Cloud-Lizenz (CC) verfügen, ist *Adobe Dreamweaver CC* dabei. Die Lizenz für das gesamte Adobe-CC-Paket kostet für Studenten, Schüler oder Lehrer derzeit rund 20 Euro/Monat (Stand: 2018).

1.4 Webserver

1.4.1 Funktionsweise

Wie bereits erwähnt, handelt es sich bei PHP um eine *serverseitige Skriptsprache*. Dies bedeutet, dass Sie einen Webserver benötigen, um Ihre PHP-Programme ausführen zu können. Bevor wir uns mit der Installation eines Webservers beschäftigen, möchten wir kurz die grundsätzliche Funktionsweise eines Webservers vorstellen. Für den Zugriff auf einen Webserver ist HTTP (Hypertext Transfer Protocol) zuständig. Sie erkennen dies daran, dass `http://` am Anfang einer Webadresse (Uniform Resource Locator, URL) steht. Mittels HTTP gibt es grundsätzlich zwei Zugriffsmöglichkeiten auf Webseiten.

Statischer Zugriff
Ein statischer Zugriff auf einen Webserver läuft wie folgt ab:

1. Beim statischen Zugriff gibt der Nutzer in der Adressleiste seines Browsers eine Zieladresse ein, oder er klickt auf einen vorhandenen Button **A**.
2. Der Browser sendet eine Anfrage (HTTP-Request) **B** an den zur Zieladresse gehörenden Webserver.
3. Der Webserver sucht nach der angefragten HTML5-Datei **C**.
4. Ist die HTML5-Datei vorhanden, wird sie ebenfalls über HTTP an den Client übersandt (HTTP-Response) **D**. Ist sie nicht vorhanden, sendet der Webserver eine Fehlermeldung (404 – file not found).
5. Der Webbrowser zeigt die angefragte Datei an **E**.

Sie erkennen den Nachteil dieser Methode: Für jede angefragte Seite muss eine eigene HTML5-Datei vorhanden sein, bei größeren Webauftritten würden sich somit Hunderte von Dateien ergeben. Stellen Sie sich den Aufwand vor, um diesen Webauftritt zu pflegen oder gar zu erneuern! Fazit: Statische Webseiten eignen sich allenfalls für kleine Internetauftritte.

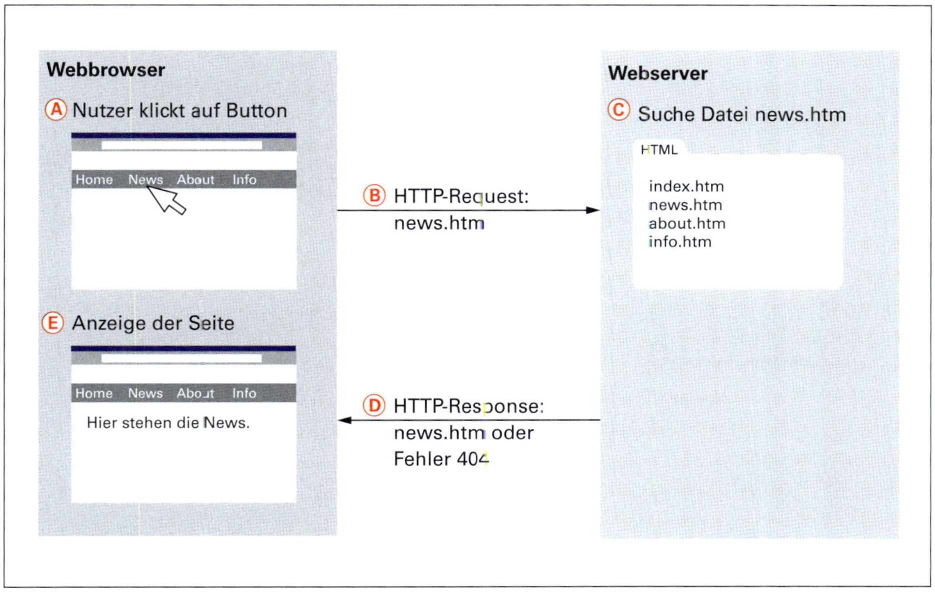

Prinzipieller Ablauf eines statischen Zugriffs auf einen Webserver

Dynamischer Zugriff

Bei einem dynamischen Zugriff auf einen Webserver wird keine Datei angefragt, sondern ein bestimmter Inhalt.

1. Der Nutzer gibt einen Suchbegriff in eine Eingabefeld **A** ein. Alternativ kann er auch auf einen Textlink wie bei Wikipedia klicken.
2. Der Begriff (Inhalt) wird durch HTTP an den Webserver übergeben **B**.
3. Der Webserver ruft ein PHP-Skript auf. Ein sogenannter PHP-Interpreter wertet die Suchanfrage aus.
4. Der PHP-Interpreter startet eine Anfrage an die Datenbank **D**. Die Datenbank wird nach dem Inhalt durchsucht. Alternativ ist auch der Zugriff auf Dateien möglich.
5. Die Datenbank liefert den gesuchten Inhalt zurück **E**.
6. Der PHP-Interpreter wandelt den Inhalt in HTML-Code **F** um, da ein Webbrowser kein PHP „versteht".
7. Der HTML-Code wird mittels HTTP an den Webserver übertragen **G**.
8. Der Webbrowser zeigt den HTML-Code an **H**.

Sie erkennen den Vorteil dieser Vorgehensweise: Der gesamte Internetauftritt benötigt nur eine zentrale (Layout-)Datei, in die die Inhalte erst auf Anfrage eingefügt werden. Alle Inhalte werden in Dateien oder in einer Datenbank verwaltet, die unabhängig vom Internetauftritt gepflegt werden können.

Prinzipieller Ablauf eines dynamischen Zugriffs auf einen Webserver

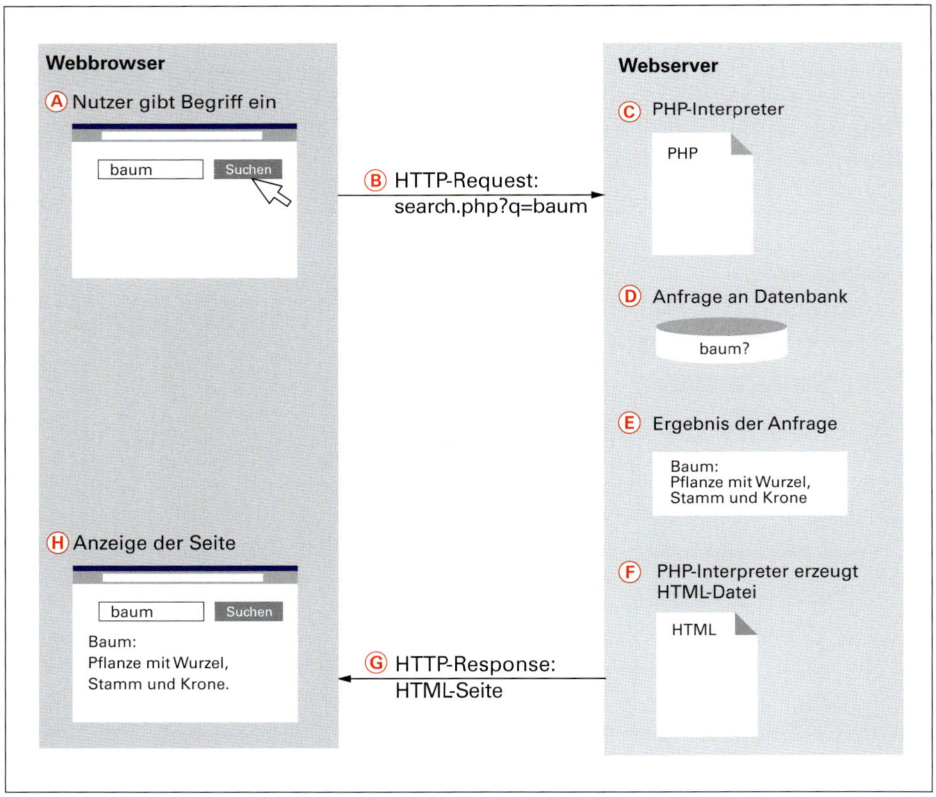

1.4.2 XAMPP

Die Installation und Administration eines Webservers ist alles andere als einfach. Glücklicherweise gibt es Menschen, die uns einen „sanften" Zugang zur Technik ermöglichen. Die „Apachefreunde" haben alle benötigten Webtechnologien zu einem Paket verschnürt und bieten es unter www.apachefriends.org an. Die Bezeichnung XAMPP hat folgende Bedeutung:

- X ist der Platzhalter für das Betriebssystem: Windows-Server werden als WAMPP, Linux-Server als LAMPP und Mac-Server als MAMPP bezeichnet.
- A steht für Apache, einen weitverbreiteten, kostenlosen Webserver.
- M bezeichnet das Datenbankmanagementsystem *MySQL* bzw. *MariaDB*. Auf den Zugriff auf Datenbanken gehen wir in Kapitel 4 ein.
- P steht für die Skriptsprache PHP.
- P steht für Perl, eine weitere Skriptsprache, die alternativ zu PHP verwendet werden kann.

Installation – Making of ...

1 Öffnen Sie www.apachefriends.org und klicken Sie auf die für Ihr Betriebssystem korrekte Version.

2 Der Webserver muss an einem Speicherort installiert werden, auf den Sie Schreibzugriff haben. Legen Sie am besten einen Ordner XAMPP in den *Eigenen Dateien* an.

3 Starten Sie die Installation per Doppelklick auf die Installationsdatei. Geben Sie den neu angelegten Ordner als Ziel an.

4 Nach Fertigstellung der Installation starten Sie die „Steuerzentrale" durch Doppelklick auf die Datei *xampp-control(.exe)*.

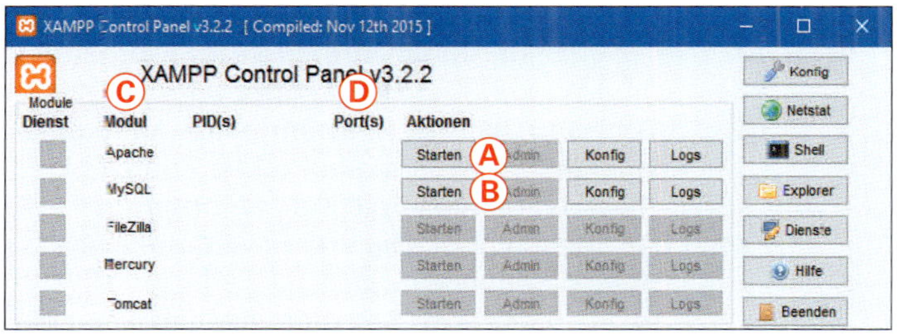

XAMPP

XAMPP ist ein fertig vorkonfigurierter Web- und Datenbankserver, den Sie als Testumgebung für Ihre PHP-Skripte nutzen können.

5 Den Apache-Server starten Sie durch Anklicken des Buttons **A**, den Datenbankserver durch Anklicken von **B**. Beim ersten Start kommt eventuell eine Warnmeldung der Firewall, ob der Internetzugriff durch den Server zugelassen werden soll. Dies müssen Sie bestätigen. Wenn die Module **C** grün hinterlegt werden, sind die Server gestartet und funktionsfähig – und es geht weiter mit 7.

6 Startet der Server *nicht*, kann es sein, dass einer der erforderlichen Ports **D** blockiert wird. Dieses Problem trat bei unserer Installation unter Windows 10 auf. Beenden Sie zunächst Programme mit Webzugriff wie z. B. Skype und versuchen Sie es erneut. In unserem Fall lag es an einem Windows-10-Dienst. Geben Sie hierzu im Suchfeld von Windows *Windows-Features aktivieren oder deaktivieren* ein und entfernen Sie das Häkchen bei *Internetinformationsdienste* **E**.

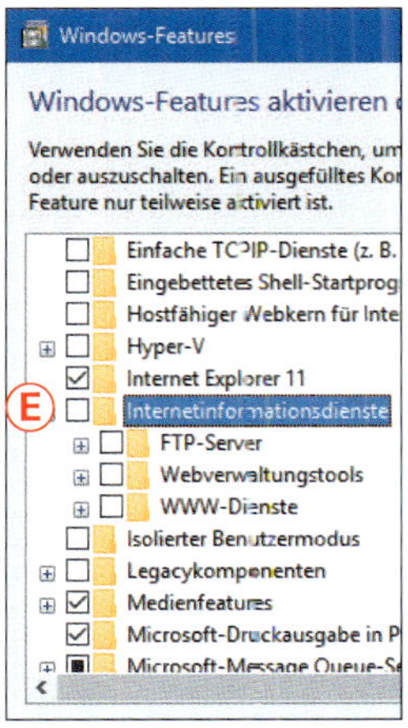

7 Das „Control Panel" darf während der Sitzung am Server nicht geschlossen werden. Vor Beenden der Sitzung sollten Sie den bzw. die Server stoppen.

1.5 Strukturiertes Programmieren

In diesem Kapitel erhalten Sie eine Einführung in strukturiertes Programmieren. Der Begriff lässt schon erahnen, dass es Programm*strukturen* gibt, mit denen sich ein Problem durch eine Handlungsvorschrift *(Algorithmus)* lösen lässt. Die drei Strukturen sind:

- *Sequenz*
  Folge von Befehlen, die nacheinander ausgeführt werden
- *Verzweigung*
  Ausführung unterschiedliche Sequenzen in Abhängigkeit von einer Bedingung
- *Schleife*
  Sequenz, die mehrmals wiederholt wird

Bevor wir uns der Programmierung dieser Programmstrukturen zuwenden, führen wir zunächst den in der Informatik zentralen Begriff der *Variablen* ein.

1.5.1 Variable

Merkmale
Ein Merkmal *aller* Programmiersprachen ist, dass sie Daten, also Zahlen, Buchstaben oder Texte, verarbeiten. Hierzu ist es notwendig, diese Daten während der Ausführung des Programms zu speichern. Diese Speicherplätze für Daten werden als *Variable* bezeichnet. Die Bezeichnung leitet sich von variabel, veränderlich, ab und meint, dass der Inhalt des Speicherplatzes verändert werden kann. Sie können sich eine Variable als Verpackung vorstellen:

- Jede Verpackung braucht eine Beschriftung, um den Inhalt zu kennzeichnen.
- Jede Verpackung besitzt einen bestimmten Inhalt, z. B. Zahnpasta, Joghurt oder Eier.
- Eine Verpackung kann gefüllt oder geleert werden.

Übertragen auf Variable ergeben sich folgende drei Merkmale einer Variablen:

- Eine Variable benötigt einen eindeutigen Namen.
- Jede Variable besitzt einen bestimmten Datentyp, z. B. ganze Zahlen, Kommazahlen oder Text.
- Einer Variablen wird ein Wert zugeordnet (Wertzuweisung). Dieser Wert kann während der Ausführung des Programms beliebig oft geändert werden.

Variablennamen
Eine Variable ist durch ihren Namen gekennzeichnet. In der Tabelle auf der rechten Seite ist aufgeführt, wie Sie Variable in den unterschiedlichen Sprachen benennen dürfen bzw. müssen. Achten Sie darauf, dass Sie stets eindeutige Namen vergeben.

Geben Sie Ihren Variablen „sprechende“ Namen, aus denen sich die Bedeutung der Variablen ableiten lässt: Unter `v1` bzw. `$v1` kann sich niemand etwas vorstellen, während Sie bei `postleitzahl` bzw. `$postleitzahl` den Sinn der Variablen sofort erkennen. Hierdurch verbessert sich die Lesbarkeit Ihrer Programme.

Variable

Regeln zur Definition von Variablen mit JavaScript und PHP

JavaScript	PHP
Variablennamen	
▪ Erstes Zeichen muss ein Buchstabe sein. ▪ Buchstaben und Ziffern sind zulässig. ▪ Keine Umlaute, Leerzeichen, Sonderzeichen. ▪ Groß- und Kleinschreibung wird unterschieden.	▪ Erstes Zeichen muss `$` (Dollar) sein, zweites Zeichen ein Buchstabe oder Unterstrich. ▪ Buchstaben, Ziffern, Unterstriche sind zulässig. ▪ Keine Umlaute, Leerzeichen, Sonderzeichen. ▪ Groß- und Kleinschreibung wird unterschieden.
Beispiele	

Korrekte Namen:
`meinName`, `preis`, `ort`
 	
Falsche Namen:
`Straße`, `1a`, `Bestell-Nr`
	Korrekte Namen:
	`$meinName`, `$preis`, `$ort`
	
	Falsche Namen:
	`$Straße`, `$1a`, `ort`

Deklaration und Wertzuweisung	
`var name = wert;`	`name = wert;`
Beispiele	

`var groesse = 1.75;`
`var alter = 25;`
`var ort = "Berlin";`
`var student = true;`
	`$groesse = 1.75;`
	`$alter = 25;`
	`$ort = "Berlin";`
	`$student = true;`

Datentypen

Kommen wir noch einmal auf das Bild von den Verpackungen zurück: Wenn Sie einmal versuchen, ein Ei in eine Zahnpastatube zu bekommen, werden Sie an Ihre Grenzen stoßen.

Bei Variablen verhält es sich gleich: Jeder Variablen wird ein bestimmter Datentyp zugeordnet und darf nur mit diesem Typ „gefüllt“ werden. Die wichtigsten (einfachen) Datentypen sind:

- *Dezimalzahlen (Gleitkommazahlen)*
  Beachten Sie, dass bei den meisten Programmiersprachen statt eines Kommas zur Abtrennung der Nachkommastellen ein Punkt (.) verwendet werden muss.
- *Ganze Zahlen*
  Auch wenn Dezimalzahlen im Prinzip die ganzen Zahlen einschließen, ist die Verwendung spezieller Variablen für ganze Zahlen sinnvoll, weil hierdurch Speicherplatz und Rechenzeit eingespart werden.
- *Text (Zeichenketten)*
  Bei Text kann es sich um einen einzelnen Buchstaben oder um eine Zeichenkette (string) handeln. Beachten Sie, dass Texte in Anführungszeichen stehen müssen. Auch Ziffernfolgen wie "1234" können auf diese Weise als Text gekennzeichnet werden.
- *Wahrheitswert (Boolesche Variable)*
  Im Alltag machen wir ständig Aussagen, die entweder wahr oder falsch sind: Die Sonne scheint. Es ist fünf Uhr. Ich habe Hunger. Derartige Aussagen müssen auch beim Programmieren ständig ausgewertet werden. Der Button wurde angeklickt. Ein Formularfeld wurde ausgefüllt. Für diese Fälle genügen Variable, die genau zwei Zustände, nämlich wahr (`true`) oder falsch (`false`), kennen. Sie werden zu Ehren des Mathematikers George Boole als boolesche Variable bezeichnet.

Neben den aufgeführten einfachen Datentypen gibt es komplexe Datentypen wie Felder, Listen und Objekte, auf die wir hier nicht eingehen.

Deklaration und Wertzuweisung

Um eine Variable verwenden zu können, muss diese „deklariert“ werden. Dies bedeutet nichts anderes, als dass sie dem Programm bekanntgemacht wird. Bei JavaScript dient hierzu das Schlüsselwort `var`, bei PHP ist kein spezieller Befehl vorgesehen.

Nach ihrer Deklaration braucht die Variable einen Wert – leere Verpackungen machen keinen Sinn. Die Wertzuweisung erfolgt in beiden Sprachen mit Hilfe des Zuweisungsoperators (=) gefolgt vom Wert. Da ein Programm sequentiell, also von oben nach unten, durchlaufen wird, gilt bei mehrmaliger Wertzuweisung immer der als letztes zugewiesene Wert. Beispiel (PHP):

```
$eier = 10;
$eier = $eier - 3;
$eier = $eier + 5;
```

In der ersten Zeile erhält die Variable den Wert 10. In der zweiten Zeile werden von diesem Wert 3 abgezogen, so dass der neue Wert 7 beträgt. In der dritten Zeile werden zum aktuellen Wert 7 wieder 5 addiert, so dass die Variable `$eier` nun den Wert 12 hat.

Sie erkennen an dem Beispiel, dass der Zuweisungsoperator (=) *nichts* mit dem Gleichheitszeichen zu tun hat, das Sie aus der Mathematik kennen. Es handelt sich bei diesen Anweisungen nicht um Gleichungen, sondern um Zuweisungen. Dabei wird der Wert rechts des Operators (=) dem Wert links des Opertors zugewiesen.

Der Strichpunkt (`;`) am Ende der Zeile ist nach einer PHP-Anweisung zwingend erforderlich, bei JavaScript kann, muss er aber nicht stehen. Wir empfehlen dennoch, dass Sie eine Anweisung auch bei JavaScript mit einem Strichpunkt beenden. Damit ist eindeutig klar, dass die Anweisung hier endet.

Operatoren

Operatoren sind Ihnen aus der Mathematik bekannt: +, -, ·, /. Da wir es beim Programmieren aber nicht nur mit Zahlen zu tun haben, sind hier weitere Operatoren notwendig, die beispielsweise das Vergleichen oder Verknüpfen von Texten ermöglichen.

In der Tabelle sind die wichtigsten Operatoren zusammengestellt. Sie sind mit Ausnahme des Operators für Zeichenketten bei JavaScript und PHP identisch.

Operatoren

Die Schreibweise der Operatoren ist bei JavaScript und PHP identisch.

<table>
<tr><th colspan="4">JavaScript und PHP</th></tr>
<tr><th colspan="2">Mathematische Operatoren</th><th>Beispiel (JavaScript)</th><th>Ergebnis</th></tr>
<tr><td>=</td><td>Zuweisung</td><td>erg = 5;</td><td>5</td></tr>
<tr><td>+</td><td>Addition</td><td>erg = 10 + 5;</td><td>15</td></tr>
<tr><td>++</td><td>Inkrement (+1)</td><td>erg = 1; erg++;</td><td>2</td></tr>
<tr><td>-</td><td>Subtraktion</td><td>erg = 10 - 5;</td><td>5</td></tr>
<tr><td>--</td><td>Dekrement (-1)</td><td>erg = 1; erg--;</td><td>0</td></tr>
<tr><td>*</td><td>Multiplikation</td><td>erg = 10 * 5;</td><td>50</td></tr>
<tr><td>/</td><td>Division</td><td>erg = 10 / 5;</td><td>2</td></tr>
<tr><td>%</td><td>Teilerrest</td><td>erg = 10 % 5;</td><td>0</td></tr>
<tr><th colspan="2">Vergleichsoperatoren</th><th colspan="2"></th></tr>
<tr><td>==</td><td>Gleichheit</td><td colspan="2">if (a == 5)...</td></tr>
<tr><td>!=</td><td>Ungleichheit</td><td colspan="2">if (a != 5)...</td></tr>
<tr><td>></td><td>Größer als</td><td colspan="2">if (a > 5)...</td></tr>
<tr><td>>=</td><td>Größer oder gleich</td><td colspan="2">if (a >= 5)...</td></tr>
<tr><td><</td><td>Kleiner als</td><td colspan="2">if (a < 5)...</td></tr>
<tr><td><=</td><td>Kleiner oder gleich</td><td colspan="2">if (a <= 5)...</td></tr>
<tr><th colspan="2">Logische Operatoren</th><th colspan="2"></th></tr>
<tr><td>&&</td><td>Und</td><td colspan="2">if (a > 5 && b < 0)...</td></tr>
<tr><td>||</td><td>Oder</td><td colspan="2">if (a < 10 || b > 10)...</td></tr>
<tr><td>!</td><td>Nicht</td><td colspan="2">if (!a)...</td></tr>
<tr><th colspan="2">Operator für Zeichenketten</th><th colspan="2"></th></tr>
<tr><td>+</td><td>Verkettung (JavaScript)</td><td colspan="2">gruss = "Hallo "+"Silke";</td></tr>
<tr><td>.</td><td>Verkettung (PHP)</td><td colspan="2">$gruss = "Hallo "."Silke";</td></tr>
</table>

1.5.2 Erstes JavaScript-Programm

Nach der vielen Theorie geht es nun (endlich) los! Mit Hilfe von *NetBeans* erstellen Sie Ihr erstes JavaScript-Programm. Falls Sie NetBeans bereits installiert haben, können Sie direkt starten, andernfalls nehmen Sie zunächst die Installation vor (siehe Seite 4).

Making of …

1 Legen Sie sich einen Ordner für Ihre JavaScript-Programme an.

2 Starten Sie *NetBeans* und wählen Sie im Menü *Datei > Neues Projekt*.

3 Wählen Sie im sich öffnenden Fenster die Kategorie *HTML5/JavaScript* **A** und als Projekt *HTML5/JavaScript-Application* **B** aus. Klicken Sie auf *Weiter* **C**.

4 Im nächsten Fenster geben Sie den Namen des Projektes ein (hier: JavaScript) und wählen den eben erstellten Ordner als Speicherort aus. Klicken Sie auf *Fertigstellen*.

5 *NetBeans* legt das Projekt an. Es besteht aus mehreren Ordnern und Dateien. Für uns ist lediglich die Datei `index.html`[1] von Interesse, die auch bereits geöffnet ist **D**.

6 Geben Sie im `<body>` Ihren ersten JavaScript-Code ein. Er beginnt mit `<script>` und endet mit `</script>`. In unserem Fall besteht das Skript aus einer Textvariablen (Zeile 10) sowie der Anzeige im Browserfenster (Zeile 11).

1 Die Startseite (Homepage) eines Webauftritts muss standardmäßig index.html heißen.

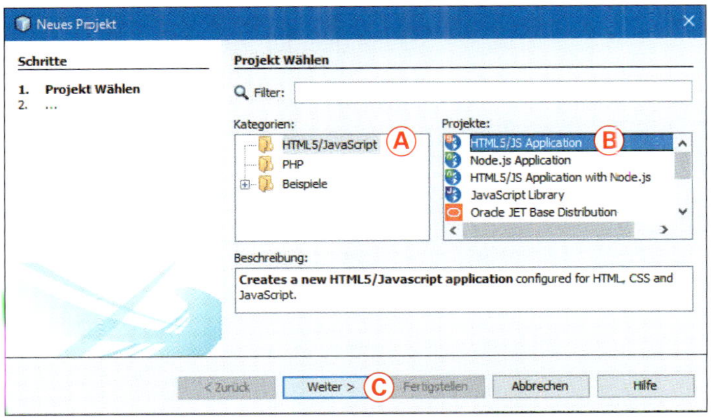

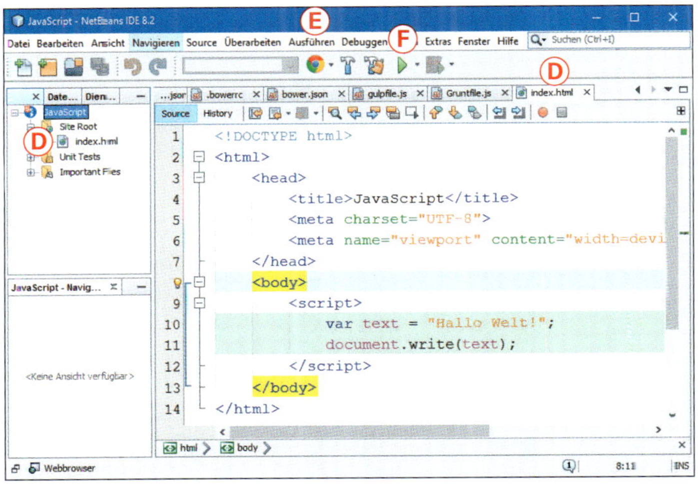

7 Wählen Sie im Menü *Ausführen > Set Project Browser*[2] **E** den Browser, in dem das JavaScript geöffnet werden soll. (Für *Chrome* müssen Sie in *Chrome* die Erweiterung *NetBeans Connector* installieren.)

8 Klicken Sie auf den grünen Pfeil **F** oder drücken Sie `F6` (Win), um das Programm zu starten. Der gewählte

2 Hier hat die Übersetzung ins Deutsche nicht so richtig geklappt, aber vielleicht ist dies bei Ihrer Version schon behoben?

Browser müsste geöffnet und die Datei geladen werden. Zugegeben, das Ergebnis ist nicht spektakulär[3], aber immerhin Ihr erstes JavaScript -Programm – Glückwunsch!

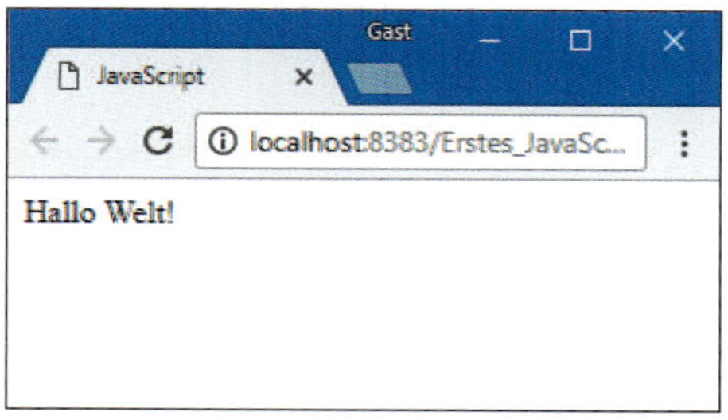

9 Verändern Sie nun in *NetBeans* den Text der Variablen. Klicken Sie im Menü *Datei > Speichern* (oder drücken Sie `Strg+S` (Win) bzw. `cmd+S` (Mac).

10 Falls Sie Chrome verwenden, müssten Sie den geänderten Text sehen. Bei anderen Browsern müssen Sie den Inhalt aktualisieren: `F5` bzw. `cmd+R` (Mac).

11 Experimentieren Sie nun mit weiteren Variablen: Definieren Sie beispielsweise zwei Variablen x und y und addieren Sie diese. Zeigen Sie das Ergebnis im Browser an.

1.5.3 Erstes PHP-Programm

Das „Hallo Welt"-Programm werden wir nun mit PHP realisieren. Da es sich bei PHP – wie Sie bereits wissen – um eine serverseitige Sprache handelt, muss sich das Skript auf einem Webserver befinden. Falls Sie *XAMPP* bereits installiert haben, können Sie direkt starten.

3 Die Geschichte zu „Hallo Welt" können Sie bei Wikipedia nachlesen.

Andernfalls lesen Sie bitte zunächst auf Seite 7 nach.

Making of ...

1 Starten Sie die „Steuerzentrale" durch Doppelklick auf die Datei *xampp-control(.exe)*.

2 Starten Sie den *Apache*.

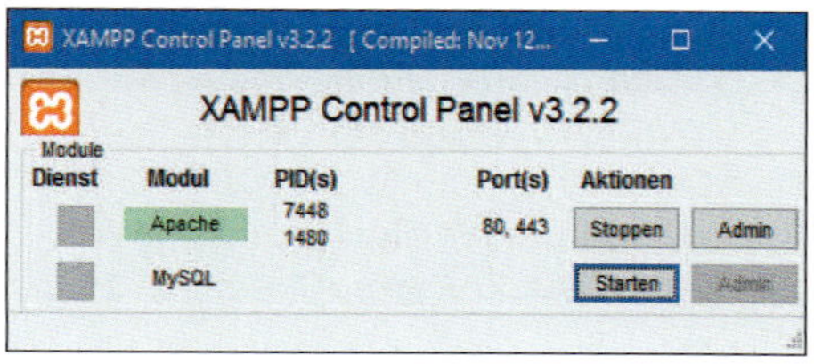

3 Öffnen Sie einen Browser und geben Sie *localhost* (Servername) ein. Wenn alles geklappt hat, müssten Sie das sogenannte *Dashboard* sehen:

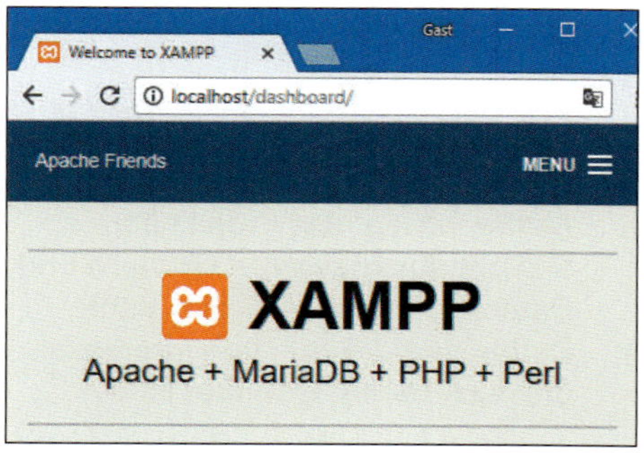

4 Legen Sie nun einen Ordner für Ihre PHP-Skripte an. Wichtig: Dieser *muss* sich im Verzeichnis *XAMPP\htdocs* befinden. Nennen Sie den Ordner zum Beispiel *php*. (Die bereits vorhandenen Dateien gehören zum *Dashboard*, das Sie eben geöffnet haben.)

5 Starten Sie *NetBeans* und wählen Sie im Menü *Datei > Neues Projekt*.

6 Wählen Sie im sich öffnenden Fenster die Kategorie *PHP* und als Projekt *PHP-Application* aus. Klicken Sie auf *Weiter*.

7 Geben Sie dem Projekt einen Namen und wählen Sie den eben erstellten Ordner im Verzeichnis *XAMPP\htdocs* aus (hier: *php*) **A**. Klicken Sie auf *Fertigstellen* **B**.

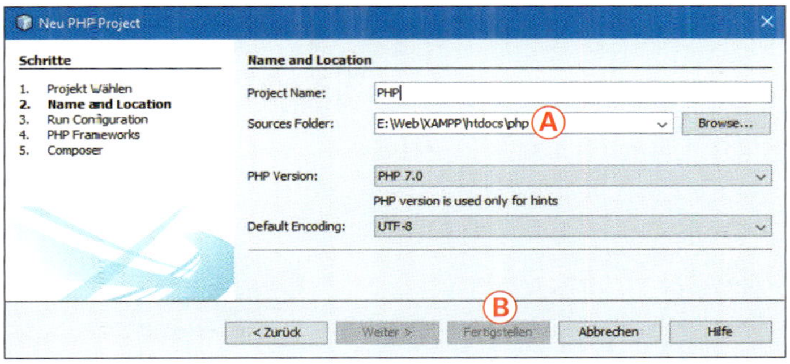

8 Erstellen Sie im Menü *Datei > Neue Datei...* eine Datei vom Typ *PHP-File*. Geben Sie der Datei den Namen *index.php*.

9 Geben Sie das kurze PHP-Skript **C** ein. In Zeile 2 wird eine Textvariable definiert, die in Zeile 3 im Browser angezeigt wird.

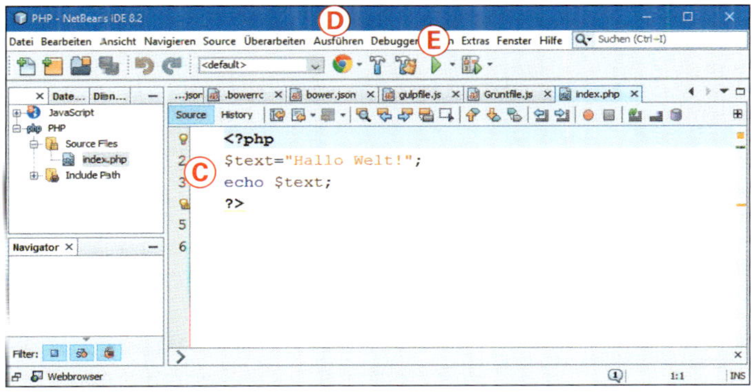

10 Wählen Sie im Menü *Ausführen > Set Project Browser* den Browser, in dem das PHP-Skript geöffnet werden soll **D**. (Wie bereits im letzten Abschnitt erwähnt, müssen Sie, falls Sie Chrome verwenden möchten, in *Chrome* die Erweiterung *NetBeans Connector* installieren.)

11 Klicken Sie auf den Pfeil **E** oder drücken Sie `F6`, um das PHP-Skript zu starten. Der gewählte Browser müsste geöffnet und die Datei geladen werden. Das Ergebnis sieht identisch aus wie beim JavaScript.

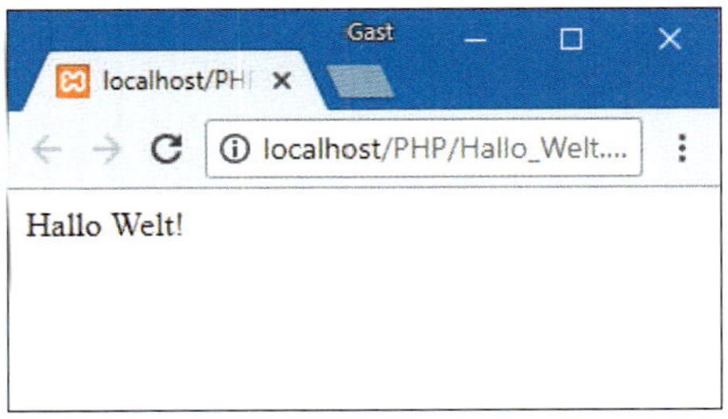

12 Ändern Sie den Text im PHP-Skript. Speichern Sie die Datei ab: Menü *Datei > Speichern* oder Tastenkombinat on `Strg+S` (Win) bzw. `cmd+S` (Mac).

13 Falls Sie Chrome verwenden, müssten Sie den geänderten Text sehen. Bei anderen Browsern muss der Seiteninhalt aktualisiert werden: `F5` (Win) bzw. `cmd+R` (Mac).

14 Erweitern Sie Ihr Skript: Definieren Sie beispielsweise zwei Variablen x und y und addieren Sie diese. Zeigen Sie das Ergebnis im Browser an.

Verzweigung

In Abhängigkeit von einer Bedingung werden unterschiedliche Codesequenzen ausgeführt.

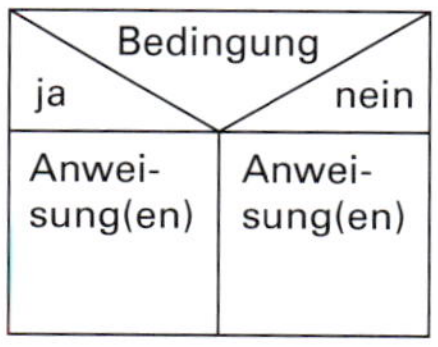

Struktogramm einer `if`-Verzweigung

Struktogramme helfen beim Programmentwurf.

1.5.4 Verzweigung

If-Verzweigung

In unserem Alltag treffen wir täglich unzählige Entscheidungen: Ins Schwimmbad oder ein Buch lesen? Aufstehen oder ausschlafen? Einkaufen oder faulenzen? Um uns die Entscheidung zu erleichtern, prüfen wir Bedingungen: Ist es warm genug für das Schwimmbad? Muss ich zur Arbeit/Schule gehen? Ist der Kühlschrank leer? Das Ergebnis dieser Prüfung hilft uns bei der Entscheidungsfindung:

- *Wenn* es warm genug ist, *dann* gehe ich ins Schwimmbad, *sonst* lese ich.
- *Wenn* ich zur Arbeit/in die Schule muss, *dann* stehe ich auf, *sonst* schlafe ich aus.
- *Wenn* der Kühlschrank leer ist, *dann* gehe ich einkaufen, *sonst* werde ich faulenzen.

Sie erkennen, dass allen Beispielen die Struktur *wenn … dann … sonst* gemeinsam ist. Die Übersetzung ins Englische führt uns von der Alltags- zur Programmiersprache: `if` … `then` … `else`.

Wie Sie der Tabelle entnehmen, ist die Definition der `if`-Verzweigung in beiden Sprachen identisch. Der Begriff „Verzweigung" kommt daher, dass das Programm in Abhängigkeit von der Bedingung (in der runden Klammer) entweder die Anweisungen im `if`-Zweig oder die Anweisungen im `else`-Zweig ausführt. Sie können sich dies bildlich wie eine Astgabelung vorstellen. Auch wenn die Zeilen alle untereinander stehen: Ein Programmteil – entweder die `if`- oder die `else`-Anweisung – wird immer übersprungen.

JavaScript – Allgemeine Definition

```
if (Bedingung){
Anweisung(en);
} else {
Anweisung(en);
}
```

PHP – Allgemeine Definition

```
if (Bedingung) {
Anweisung(en);
} else {
Anweisung(en);
}
```

JavaScript – Beispiel

```
<script>
var geschlecht = "m";
if (geschlecht == "m") {
var anrede = "Sehr geehrter Herr";
} else {
var anrede = "Sehr geehrte Frau";
}
document.write(anrede);
</script>
```

PHP – Beispiel

```
<?php
$geschlecht = "m";
if ($geschlecht == "m") {
$anrede = "Sehr geehrter Herr";
} else {
$anrede = "Sehr geehrte Frau";
}
echo $anrede;
?>
```

Zur Formulierung der Bedingung werden die im vorherigen Abschnitt definierten Vergleichsoperatoren benötigt. Beachten Sie, dass bei der Prüfung auf Gleichheit das doppelte Gleichheitszeichen (==) verwendet werden muss, da es sich andernfalls um eine Wertzuweisung handelt!

Ein zulässiger Sonderfall ist, dass es gar keinen `else`-Zweig gibt: Ist die Bedingung erfüllt, werden die Anweisungen des `if`-Zweiges ausgeführt. Andernfalls werden die Anweisungen übersprungen, und das Programm wird nach der Klammer fortgesetzt.

Programmieren lernen Sie nur durch programmieren! Aus diesem Grund empfehlen wir, dass Sie die Verzweigung in JavaScript und/oder in PHP ausprobieren.

Making of …

1 Starten Sie *NetBeans* und öffnen Sie das im letzten Abschnitt angelegte JavaScript- bzw. PHP-Projekt.

2 Erstellen Sie im Menü *Datei > Neue Datei…* eine HTML5/JavaScript- bzw. PHP-Datei. Geben Sie der Datei den Namen *verzweigung.html* bzw. *verzweigung.php*.

3 Ergänzen Sie das JavaScript- bzw. PHP-Programm aus der Tabelle links.

4 Bei PHP: Starten Sie den Apache-Webserver.

5 Wenn Sie auf den grünen Pfeil klicken, wird standardmäßig die Homepage des Projekts (*index.html* bzw. *index.php*) gestartet. Um die neue Datei testen zu können, wählen Sie im Menü *Ausführen > Datei ausführen*.

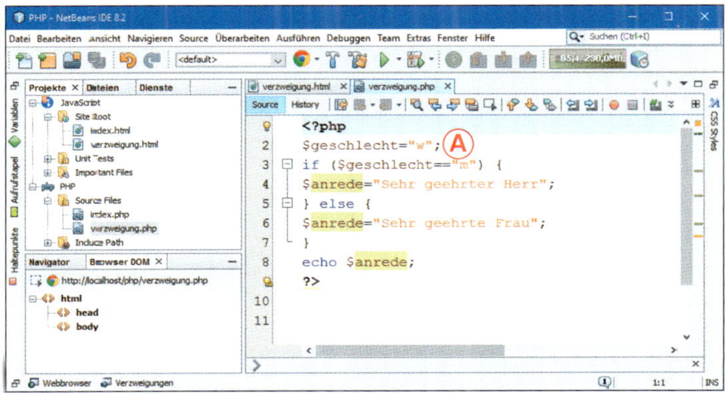

6 Bei Ausführung des Programms müssten Sie aktuell den Text „Sehr geehrter Herr" im Browser sehen, weil die Bedingung `(geschlecht=="m")` bzw. `($geschlecht=="m")` erfüllt ist.

7 Ändern Sie den Wert der Variablen in Zeile 2 auf `"w"` **A** und speichern Sie die Änderung ab. Führen Sie das Skript erneut aus. Die Ausgabe müsste sich jetzt auf „Sehr geehrte Frau" **B** ändern.

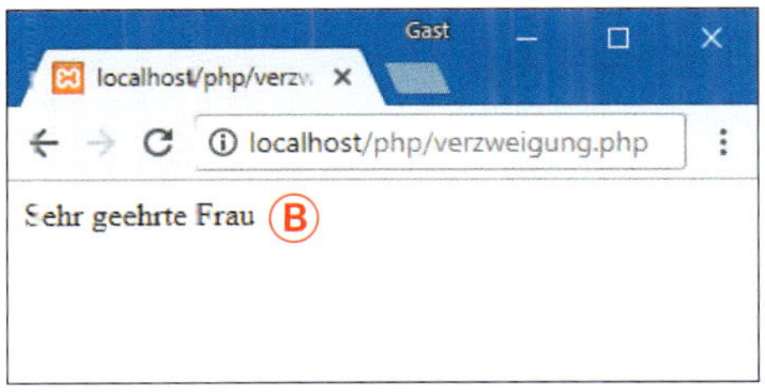

Switch-Verzweigung

Manchmal ist es notwendig, mehr als zwei Fälle zu unterscheiden. Denken Sie z. B. an die Unterscheidung von Schulnoten, Wochentagen oder Monaten.

Zu diesem Zweck stellen JavaScript und PHP die `switch`-Verzweigung zur Verfügung, die eine Unterscheidung von beliebig vielen Fällen (cases)

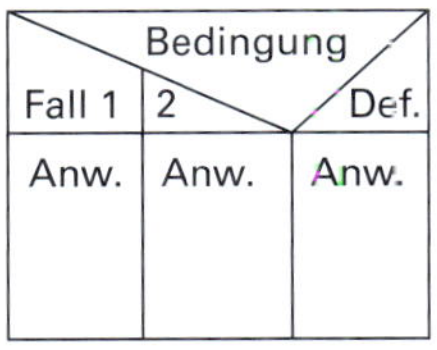

Struktogramm einer `switch`**-Verzweigung**

`switch`-**Verzweigung**

Im Unterschied zu `if` ermöglicht `switch` die Differenzierung nach mehr als zwei Fällen.

Allgemeine Definition

JavaScript:

```
switch (Variable) {
case wert1:
     Anweisung;
     break;
case wert2:
     Anweisung;
     break;
...
default:
     Anweisung;
}
```

PHP:

```
switch (Variable) {
case wert1:
     Anweisung;
     break;
case wert2:
     Anweisung;
     break;
...
default:
     Anweisung;
}
```

Beispiel

JavaScript:

```
 1 <script>
 2 var note = 1;
 3 switch (note) {
 4 case 1:  document.write("sehr gut");
 5          break;
 6 case 2:  document.write("gut");
 7          break;
 8 ...
 9 default: document.write("Keine Note");
10 }
11 </script>
```

PHP:

```
 1 <?php
 2 $note = 1;
 3 switch ($note){
 4 case 1:  echo "sehr gut";
 5          break;
 6 case 2:  echo "gut";
 7          break;
 8 ...
 9 default: echo "keine Note";
10 }
11 ?>
```

gestattet. Darüber hinaus sollte eine `default`-Anweisung definiert werden, die immer dann ausgeführt wird, wenn der Wert der Variablen zu keinem der Fälle passt, z. B. bei fehlerhaften Benutzereingaben. Der `break`-Befehl sorgt dafür, dass die `switch`-Verzweigung beendet und das Programm unterhalb der Anweisung fortgesetzt wird.

Making of ...

1 Starten Sie *NetBeans* und öffnen Sie Ihr JavaScript- bzw. PHP-Projekt.

2 Erstellen Sie im Menü *Datei > Neue Datei...* eine HTML5/JavaScript- bzw. PHP-Datei. Geben Sie der Datei den Namen *switch.html* bzw. *switch.php*.

3 Geben Sie das JavaScript- bzw. PHP-Programm aus der Tabelle oben ein. Vervollständigen Sie es, so dass alle sechs Noten verfügbar sind.

4 Testen Sie das Skript im Menü *Ausführen > Datei ausführen*. (Vergessen Sie nicht, dass im Falle von PHP der Apache-Server gestartet sein muss.)

5 Ändern Sie den Wert der Variablen in Zeile 2, um die Ausführung der verschiedenen Fälle (`case`) zu testen. Geben Sie auch einmal den Wert 7 ein, um zu testen, ob die `default`-Anweisung funktioniert.

1.5.5 Schleife

For-Schleife

Im Alltag kommt es immer wieder vor, dass wir bestimmte Tätigkeiten mehrfach wiederholen. Angenommen, Sie nehmen sich vor, im Stadion einen 10-km-Lauf zu absolvieren. (Es soll ja Menschen geben, die sich dies antun.)

Bei einer Rundenlänge von 400 Metern müssen Sie 25 Runden drehen, um die 10 Kilometer zu meistern. Nach jeder Runde erhöhen Sie im Kopf einen Zähler um 1. Nach 25 Runden sind Sie am Ziel.

Das Beispiel gibt die Struktur einer Zählschleife wieder, die in den meisten Programmiersprachen als `for`-Schleife definiert ist. Im Kopfteil der `for`-Schleife sind drei Angaben notwendig:

- Startwert (Zähler wird auf 0 gesetzt)
- Abbruchbedingung (Zähler gleich 25?)
- Zählschritt (Zähler wird um eins erhöht)

Solange die Abbruchbedingung noch nicht erfüllt ist, werden die Anweisungen in der `for`-Schleife ausgeführt. Ist die Bedingung erfüllt, wird das Programm unterhalb der `for`-Schleife fortgesetzt.

05 25 Runden?

Als Zählvariable wird beim Programmieren üblicherweise die Variable `i` bzw. `$i` verwendet. Im Beispiel wird die Zählvariable bei jedem Schleifendurchlauf um 2 erhöht, so dass in diesem Fall die geraden Zahlen von 0 bis 100 ausgegeben werden. Alternativ wäre es auch möglich, abwärts zu zählen, z. B. durch `i--` bzw. `$i--`. Wichtig ist jedoch, dass die Abbruchbedingung irgendwann erfüllt sein muss, da Sie sonst eine Endlosschleife programmiert haben, an der sich das Programm aufhängt.

Zählschleifen

Bei einer Zählschleife wird eine Codesequenz mehrmals hintereinander ausgeführt.

Struktogramm einer `for`-Schleife

JavaScript	PHP
Allgemeine Definition	
`for (Startwert; Bedingung; Zählschritt) { Anweisung(en); }`	`for (Startwert; Bedingung; Zählschritt) { Anweisung(en); }`
Beispiel	

`<script>`
`var grenze = 100;`
`for (var i = 0; i <= grenze; i = i+2)`
`{`
`document.write(i);`
`}`
`</script>`
	`<?php`
	`$grenze = 100;`
	`for ($i = 0; $i <= $grenze; $i =`
	`$i+2) {`
	`echo $i;`
	`}`
	`?>`

`for`-Schleife

Die Notation ist in JavaScript und PHP identisch. Die geschweiften Klammern können entfallen, wenn nach `if` bzw. `else` lediglich eine Anweisung steht.

Making of ...

1 Starten Sie *NetBeans* und öffnen Sie Ihr JavaScript- bzw. PHP-Projekt.

2 Erstellen Sie im Menü *Datei > Neue Datei...* eine HTML5/JavaScript- bzw. PHP-Datei Geben Sie der Datei den Namen *for.html* bzw. *for.php*.

3 Geben Sie das JavaScript- bzw. PHP-Programm aus der Tabelle ein.

4 Testen Sie das Skript im Menü *Ausführen > Datei ausführen*.

5 Ändern Sie das Skript ab, so dass nur die ungeraden Zahlen angezeigt werden.

6 Ändern Sie das Programm so ab, dass ein Countdown von 10 bis 0 angezeigt wird.

While-Schleife

Nicht immer ist im Voraus bekannt, wie oft eine Schleife durchlaufen werden muss: Wenn Sie auf dem Wochenmarkt Äpfel kaufen, dann wird der Verkäufer so lange weitere Äpfel auf die Waage legen, bis das gewünschte Gewicht erreicht ist.

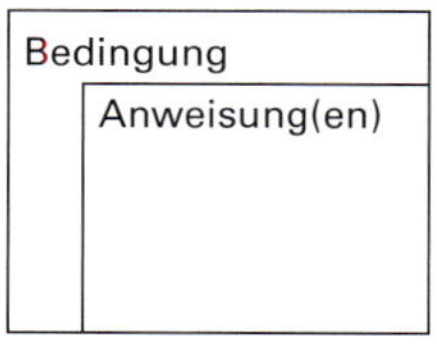

Struktogramm einer `while`-Schleife

`while`-Schleife
Die Notation ist in beiden Sprachen identisch. Da die Bedingung zu Beginn überprüft wird, spricht man von einer kopfgesteuerten Schleife.

Für Wiederholungen, die von der Erfüllung einer Bedingung abhängen, ist in den Programmiersprachen die `while`-Schleife vorgesehen. Die Anweisungen innerhalb der Schleife werden so oft wiederholt, bis die im Kopfteil formulierte Bedingung *nicht* mehr erfüllt ist. Auch bei `while`-Schleifen müssen Sie unbedingt darauf achten, dass die Abbruchbedingung irgendwann eintritt, weil andernfalls eine Endlosschleife vorliegt. Im Beispiel unten erreichen wir dies, indem bei jedem Schleifendurchlauf die Variable `erg` bzw. `$erg` um 1 erhöht wird (Zeile 5). Angezeigt werden in diesem Fall die Quadratzahlen (0, 1, 4, 9...) von 0 bis 10 (Zeile 4).

Making of ...

1 Realisieren Sie das JavaScript- bzw. PHP-Programm aus der Tabelle unten mit Hilfe von *NetBeans*.

2 Variieren Sie die Abbruchbedingung in Zeile 3 – realisieren Sie testweise auch einmal eine Endlosschleife.

3 Lösen Sie dieselbe Aufgabe mit Hilfe einer `for`-Schleife.

JavaScript | **PHP**

Allgemeine Definition

JavaScript:
```
while (Bedingung) {
Anweisung(en);
}
```

PHP:
```
while (Bedingung) {
Anweisung(en);
}
```

Beispiel

JavaScript:
```
1 <script>
2 erg = 0;
3 while (erg <= 10) {
4 document.write(erg * erg);
5 erg ++;
6 }
7 </script>
```

PHP:
```
1 <?php
2 $erg = 0;
3 while ($erg <= 10) {
4 echo $erg * $erg;
5 $erg ++;
6 }
7 ?>
```

Do-while-Schleife

Eine Variante ist die `do-while`-Schleife. Der Unterschied besteht darin, dass die Bedingung erst am Ende der Schleife überprüft wird. Die Anweisungen innerhalb der Schleife werden also immer mindestens einmal ausgeführt.

JavaScript / PHP
Allgemeine Definition

`do {`
`Anweisung(en);`
`} while (Bedingung)`

Man spricht bei `do...while` auch von einer *fußgesteuerten* Schleife im Unterschied zur *kopfgesteuerten* `while`-Schleife.

Struktogramm einer `do-while`**-Schleife**

1.5.6 Array (Feld)

Bislang hatten wir es immer mit einfachen Variablen zu tun, die *einen* Namen, *einen* Typ und *einen* Wert besitzen. Denken Sie an die Verpackungen.

Nun gibt es jedoch oft Daten, die miteinander in Verbindung stehen. Diese Daten möchte man zu einer Einheit zusammenfassen. Ein typisches Beispiel ist eine Adresskartei, bei der Name, Straße und Ort eine Einheit bilden. Man spricht dabei von einem *Datensatz*. Datensätze spielen insbesondere bei Datenbanken eine zentrale Rolle.

Mit einem Feld (`array`) haben Sie die Möglichkeit, einen kompletten Datensatz in einer einzigen (Feld-)Variablen zu speichern.

JavaScript	PHP
Allgemeine Definition	
`var name = new Array();`	`$name = array();`
Einzelne Werte zuweisen	

`name[0] = wert1;`
`name[1] = wert2;`
`...`
	`$name[0] = wert1;`
	`$name[1] = wert2;`
	`...`

Mehrere Werte zuweisen	
`name = new Array(wert1, wert2,...);`	`$name = array(wert1, wert2,...);`
Einzelne Werte auslesen	

`wert1 = name[0];`
`wert2 = name[1];`
`...`
	`$wert1 = $name[0];`
	`$wert2 = $name[1];`
	`...`

Alle Werte auslesen	

`for (index in name) {`
`Anweisung(en);`
`}`
	`foreach ($name as $index) {`
	`Anweisung(en);`
	`}`

Beispiel	
`<script>` `var tage = new Array("Mo","Di",...);` `for (i in tage) {` `document.write(tage[i]+" ");` `}` `</script>`	`<?php` `$tage = array("Mo","Di",...);` `foreach ($tage as $i) {` `echo $i." ";` `}` `?>`

Array (Feld)

In Feldern werden ganze Datensätze abgespeichert. Die Definition von Feldvariablen unterscheidet sich bei JavaScript und PHP. Beachten Sie auch, dass die Groß- und Kleinschreibung eingehalten werden muss.

Felder definieren
Bei der Definition von Feldern unterscheiden sich JavaScript und PHP:

Die Schreibweise bei JavaScript entspricht der bei objektorientierten Programmiersprachen üblichen Notation von Objekten. Die Definition von Objekten erfolgt mit Hilfe eines sogenannten *Konstruktors*, der durch das Schlüsselwort `new` gekennzeichnet ist. Beachten Sie bitte, dass `Array` hier großgeschrieben werden muss.

Bei PHP erfolgt die Deklaration einer Feldvariablen durch `array()`.

Werte zuweisen
Da ein Feld mehrere Daten aufnimmt, müssen Sie festlegen, was Sie wo speichern wollen. Dies geschieht mit Hilfe eines Feldindex, einer ganzen Zahl, wobei immer mit der Null begonnen wird. Der erste Eintrag ist also `name[0]` bzw. `$name[0]`, der zweite Eintrag `name[1]` bzw. `$name[1]` usw. Beachten Sie, dass der Feldindex in eckigen und nicht in runden Klammern angegeben werden muss.

Werte auslesen
Um einen einzelnen Wert auszulesen, verwenden Sie einen Feldindex wie oben beschrieben. Da häufig der komplette Datensatz ausgelesen wird, stellen die Sprachen hierfür spezielle Varianten der `for`-Schleifen zur Verfügung (siehe Tabelle).

Making of …

1 Realisieren Sie das JavaScript- bzw. PHP-Programm aus der Tabelle auf Seite 19 mit Hilfe von *NetBeans*.

2 Der angehängte Zeilenumbruch `<br>` in Zeile 4 bewirkt, dass die Wochentage untereinander geschrieben werden. Ändern Sie das Skript so ab, dass die Wochentage in einer Zeile, aber mit einem Leerzeichen Abstand angezeigt werden.

1.5.7 Funktion (Methode)

Können Sie sich ein Leben ohne Kaffee-, Wasch- oder Geschirrspülmaschine vorstellen? Fragen Sie einmal Ihre Großeltern, wie mühsam das Leben ohne diese nützlichen Helferlein war. Wir haben uns alle an den Komfort gewöhnt, Maschinen dort einzusetzen, wo immer wiederkehrende Arbeiten im Alltag zu erledigen sind.

Funktionen, bei objektorientierten Sprachen als *Methoden* bezeichnet, sind die „Maschinen" der Programmiersprachen: Einmal definiert, können sie beliebig oft verwendet werden. Sie nehmen uns hierdurch jede Menge Programmierarbeit ab.

Jede Programmiersprache stellt uns zahlreiche Funktionen zur Verfügung, die wir nutzen können, ohne dass wir uns um deren Definition zu kümmern brauchen. Vergleichbar mit der Waschmaschine, deren Innenleben Sie ja auch nicht verstehen müssen, um sie zu be-

JavaScript	PHP
Allgemeine Definition	

`function name(wert1,wert2,...)`[1] `{`
`Anweisungen;`
`}`
	`function name(wert1,wert2,...)`[1] `{`
	`Anweisungen;`
	`}`

Funktionsaufruf	
`name(wert1,wert2,...);`	`name(wert1,wert2,...);`
Beispiel	

`<script>`
`function berechneBmi(gew, gr) {`
`   gr = gr / 100;`
`   bmi = gew / (gr * gr);`
`   bmi = bmi.toFixed(1);`
`   return bmi;`
`}`
`document.write(berechneBmi(65, 176);`
`document.write(berechneBmi(70, 200);`
`</script>`
	`<?php`
	`function berechneBmi($gew, $gr) {`
	`   $gr = $gr / 100;`
	`   $bmi = $gew / ($gr * $gr);`
	`   $bmi = round($bmi,1);`
	`   return $bmi;`
	`}`
	`echo berechneBmi(65, 176);`
	`echo berechneBmi(70, 200);`
	`?>`

[1] Werden einer Funktion keine Werte übergeben, dann wird eine leere Klammer geschrieben.

Funktion (Methode)

Funktionen bzw. Methoden sind Programmteile, die beliebig oft aufgerufen werden können.

nutzen. Wenn Sie also eine bestimmte Funktion benötigen, sollten Sie deshalb zunächst einmal im Referenzhandbuch der Sprache nachsehen, ob es die gesuchte Funktion vielleicht schon gibt. Falls nicht, besteht die Möglichkeit, eigene Funktionen zu definieren.

Funktion definieren

Die Definition von Funktionen ist in JavaScript und PHP identisch: Auf das Schlüsselwort `function` folgt ein eindeutiger Name. Der Name sollte die Funktion möglichst gut verständlich beschreiben. Hierzu ist üblich, Funktionsnamen mit einem Kleinbuchstaben zu beginnen und alle weiteren Wörter groß zu schreiben: `druckeSeite()`, `leseDatei()`, `zumAnfang()`. Die runden Klammern dürfen nicht fehlen.

Parameter übergeben

Zurück zu unseren Haushaltsgeräten: Bisher haben wir Geräte (Funktionen) kennengelernt, die bei Bedarf ein festes Programm durchführen. Moderne Geräte können mehr: Über ein Bedienfeld kann der Nutzer entscheiden, welches Ergebnis er haben möchte: bei einem Kaffeeautomaten z. B. Kaffee, Espresso oder Cappuccino.

Übertragen auf Funktionen bedeutet dies, dass Sie der Funktion Werte übergeben können und/oder einen Wert zurückbekommen. Die Übergabe eines oder mehrerer Werte, die auch als Parameter bezeichnet werden, erfolgt in den runden Klammern nach dem Funktionsnamen. Bei mehreren Parametern werden diese durch Komma getrennt. Soll ein Ergebnis außerhalb der Funktion zur Verfügung stehen, kann es über `return` zurückgegeben werden.

Als Beispiel realisieren wir eine Funktion, die aus Körpergröße und Körpergewicht den Body-Mass-Index (BMI) berechnet.

Funktion aufrufen

Der Funktionsaufruf erfolgt über ihren Namen (mit Klammern), das Schlüsselwort `function` entfällt. Einmal definiert, kann eine Funktion beliebig oft aufgerufen werden.

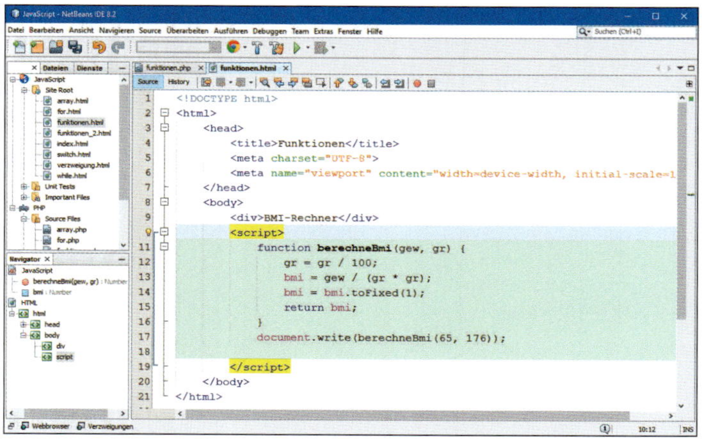

Making of ...

1 Erstellen Sie ein neues JavaScript- bzw. PHP-Programm mit Hilfe von *NetBeans* – dies müsste Ihnen mittlerweile geläufig sein.

2 Geben Sie den Quellcode ein (siehe Tabelle auf Seite 21). Erklärungen zum Programm: Der Funktion `berechneBMI` werden zwei Parameter, die Körpergröße `gr` in cm und das Körpergewicht `gew` in kg, übergeben. In Zeile 3 wird die Körpergröße von cm in m umgerechnet. Zeile 4 berechnet den BMI und in Zeile 5 wird das Ergebnis auf eine Stelle gerundet. Zeile 6 gibt das Ergebnis zurück.

3 Testen Sie Ihr Programm mit verschiedenen Werten für Körpergröße und -gewicht.

4 Erweitern Sie Ihr Skript um die im Screenshot gezeigte Textausgabe.

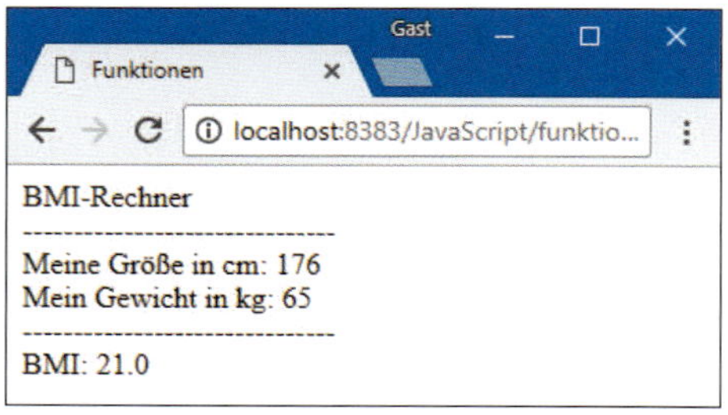

5 Der errechnete BMI erlaubt folgende Aussage über das Gewicht:
< 18,5: Untergewicht
18,5 bis 25: Normalgewicht
>= 25: Übergewicht
Erweitern Sie Ihr Programm, so dass in Abhängigkeit vom BMI die korrekte Textausgabe erfolgt:

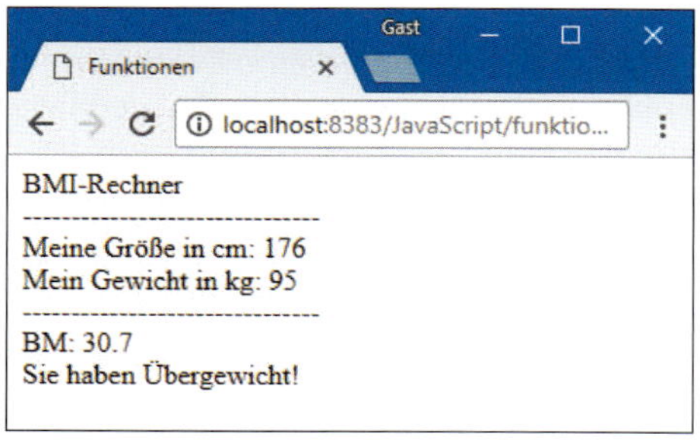

Knifflig an dieser Aufgabe ist, dass Sie zwei Bedingungen prüfen müssen: BMI < 18,5? Wenn nein, dann: BMI < 25? Um dies zu programmieren, brauchen Sie eine `if`-Verzweigung, in deren `else`-Zweig sich eine zweite `if`-Verzweigung befindet. (Die Lösung für JavaScript finden Sie auf Seite 26.)

6 Eine dritte Erweiterung ist, dass die Werte vom Nutzer über ein Eingabefenster eingegeben werden können (siehe hierzu Aufgabe 4 auf Seite 51 und Lösung auf Seite 94.

1.6 Objektorientiertes Programmieren (OOP)

Bereits mehrfach wurde der Begriff „objektorientierte" Programmierung verwendet. Dahinter verbirgt sich ein Konzept, auf dem alle modernen Programmiersprachen basieren.

Auch wenn wir unmöglich den Anspruch haben, das Konzept der objektorientierten Programmierung (OOP) in wenigen Sätzen zu beschreiben, so wollen wir Ihnen einige Grundideen erklären. Dies ist vor allem darin begründet, dass Sie den Strukturen der Objektorientierung auch bei JavaScript und PHP ständig begegnen und deshalb die zugehörigen Begriffe sowie Schreibweisen (vor allem die *Punktnotation*) kennen müssen.

1.6.1 Was sind Objekte?

Sie sind Besitzer zahlreicher Objekte: Kleidung, Fahrrad, Uhr, Bücher, CDs, Auto, Schuhe, Geschirr, Computer, Möbel, Handy... Man könnte sagen: Sie besitzen lauter Objekte.

Merkmale von Objekten
Obwohl sich die einzelnen Objekte deutlich voneinander unterscheiden, besitzen sie doch Gemeinsamkeiten:

- Jedes Objekt hat einen eindeutigen *Namen*. Betrachten wir Ihre Hosen-Objekte: Vielleicht haben Sie Jeans-, Cord-, Stoffhosen. Vielleicht haben Sie mehrere Jeans, die Sie zur Unterscheidung als gelbe Jeans, Röhrenjeans, Lieblingsjeans bezeichnen.
- Jedes Objekt hat *Eigenschaften* (Attribute), die es charakterisiert: Ein Jeans-Objekt hat z. B. die Eigenschaften Marke, Größe, Farbe, Schnitt, Preis.
- Jedes Objekt können Sie in typischer Weise nutzen: Ein Jeans-Objekt können Sie tragen, waschen, umfärben, kürzen, wegwerfen. Die Möglichkeiten, die ein Objekt zur Nutzung bietet, werden als *Methoden* bezeichnet.

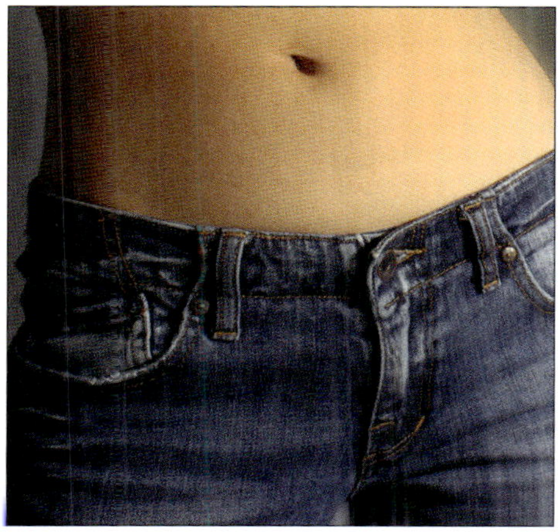

Jeans-Objekt
Jedes Objekt hat charakteristische Eigenschaften wie Marke, Größe, Preis.
Jedem Objekt sind Methoden zugeordnet, die Sie nutzen können: tragen, waschen, färben, kürzen.

Das objektorientierte Konzept hat sich deshalb durchgesetzt, weil sich obige Betrachtungen leicht auf Programmiersprachen übertragen lassen: Wie im Alltag gilt auch bei der OOP, dass alle Elemente der Sprache als Objekte betrachtet werden: Texte (Strings), Sounds, Videos, Buttons, Felder...

Jedes Objekt ist dadurch gekennzeichnet, dass es

- einen eindeutigen *Namen* hat,
- bestimmte *Eigenschaften* besitzt und
- über *Methoden* beeinflusst werden kann.

1.6.2 Objekte und Klassen

Um ein Jeans-Objekt nutzen zu können, haben Sie zwei Möglichkeiten: kaufen oder selbst nähen. Wofür entscheiden Sie sich?

Wenn Sie nicht nähen können, werden Sie froh sein, dass es Jeans auch zu kaufen gibt. Und selbst wenn Sie noch nie eine Jeans besessen haben, profitieren Sie von Ihrem Wissen über Jeans: Sie wissen nämlich, dass alle Jeans bestimmte Eigenschaften haben

Jeans-Klasse

In einer Klasse werden die Eigenschaften und Methoden festgelegt, die Objekte der Klasse erhalten sollen.

und für bestimmte Zwecke nutzbar sind. Man spricht hierbei von der *Klasse* der Jeans.

Eine Klasse ist eine abstrakte, nicht reale Struktur. Sie können eine Jeans erst benutzen, wenn Sie durch den Kauf einer Hose ein Jeans-Objekt erzeugen. Dieses Objekt besitzt die Eigenschaften und Methoden der Klasse.

Merkmale von Klassen

- Jede Klasse besitzt bestimmte Eigenschaften und stellt Methoden zur Verfügung.
- Aus einer Klasse können beliebig viele Objekte erzeugt werden.
- Jedes Objekt erhält die Eigenschaften und Methoden seiner Klasse.
- Öffentlich zugängliche Klassen (public class) kann jeder Programmierer frei nutzen (= Jeans kaufen).
- Jeder Programmierer kann eigene Klassen schreiben (= Jeans nähen).
- Eigene Klassen können Eigenschaften und Methoden von (Basis-)Klassen erben.
- Zusammengehörige Klassen lassen sich zu Paketen (packages) zusammenfassen (= Klamottengeschäft!).

1.6.3 Programmierung

Nachdem wir nun die Grundideen von Objekten und Klassen kennengelernt haben, stellt sich die Frage, wie sich diese in einer Programmiersprache umsetzen lassen.

Klasse erzeugen

Sowohl in JavaScript als auch in PHP lässt sich eine Klasse mit Hilfe des Schlüsselwortes `class` definieren (siehe Zeile 2 im Beispiel). In der geschweiften Klammer werden dann die Eigenschaften und Methoden der Klasse definiert. Im vorliegenden Fall besitzt die Klasse `Jeans` zwei Eigenschaften, nämlich `Laenge` und `Farbe`. Danach folgen vier Methoden: Die ersten beiden Methoden werden auch als *Getter* (von to get, dt.: bekommen) bezeichnet, weil sie einen Wert zurückliefern. Bei den letzten beiden Methoden handelt es sich um *Setter* (von to set, dt.: setzen), weil sie einen Wert festlegen.

Objekt erzeugen

In den Zeilen 20/21 werden zwei Objekte der Klasse `Jeans` erzeugt. Hierfür wird ein *Konstruktor* benötigt. Es handelt sich dabei um eine spezielle Methode, die denselben Namen hat wie ihre zugehörige Klasse. Der Aufruf dieser Methode erfolgt über das Schlüsselwort `new`.

Methoden aufrufen

Die Objekte der Klasse können nun auf die Eigenschaften und Methoden der Klasse zurückgreifen. Im Beispiel ruft Objekt `ersteJeans` die Getter-Methoden `Laenge` und `Farbe` auf und zeigt diese an. Um eine Methode aufzurufen, wird diese, durch einen Punkt (.) getrennt, an den Objektnamen angehängt. Dies wird als *Punktnotation* bezeichnet.

JavaScript	PHP
Klasse erzeugen	
`class Klassenname {...};`	`class Name {...};`
Objekt erzeugen	
`var objekt = new Klassenname();`	`$objekt = new Klassenname;`
Methode aufrufen	
`objekt.methode;`	`$objekt->methode();`
Beispiel	

JavaScript:

```
1  <script>
2  class Jeans {
3     constructor() {
4     this.laenge = 30;
5     this.farbe = "blau";
6     }
7     get Laenge() {
8       return this.laenge;
9     }
10    get Farbe() {
11      return this.farbe;
12    }
13    set neueLaenge(wert) {
14      this.laenge = wert;
15    }
16    set neueFarbe(wert) {
17      this.farbe = wert;
18    }
19 }
20 var ersteJeans = new Jeans();
21 var zweiteJeans = new Jeans();
22 document.write("Erste Jeans: Länge: "
23 + ersteJeans.Laenge + ", Farbe: "
24 + ersteJeans.Farbe + "<br>");
25 zweiteJeans.neueLaenge = 32;
26 zweiteJeans.neueFarbe = "schwarz";
27 document.write("Zweite Jeans: Länge: "
28 + zweiteJeans.Laenge + ", Farbe: "
29 + zweiteJeans.Farbe + "<br>");
30 </script>
```

PHP:

```
1  <?php
2  class Jeans {
3      private $Laenge = 30;
4      private $Farbe = "blau";
5
6
7      function getLaenge() {
8      return $this->Laenge;
9      }
10     function getFarbe() {
11     return $this->Farbe;
12     }
13     function setLaenge($mass) {
14     $this->Laenge = $mass;
15     }
16     function setFarbe($farbe) {
17     $this->Farbe = $farbe;
18     }
19 }
20 $ersteJeans = new Jeans;
21 $zweiteJeans = new Jeans;
22 echo "Erste Jeans: Länge: "
23 .$ersteJeans->getLaenge().", Farbe: "
24 .$ersteJeans->getFarbe()."<br>";
25 $zweiteJeans->setLaenge(32);
26 $zweiteJeans->setFarbe("schwarz");
27 echo 'Zweite Jeans: Länge: "
28 .$zweiteJeans->getLaenge().", Farbe: "
29 .$zweiteJeans->getFarbe()."<br>";
30 ?>
```

Das zweite Objekt `zweiteJeans` verändert mit Hilfe der *Setter* die `Laenge` und `Farbe` (Zeilen 25/26) und zeigt das Ergebnis an. Sie erkennen an diesem einfachen Beispiel das Grundprinzip der objektorientierten Programmierung: Auf die Eigenschaften und Methoden der Klassen können beliebig viele Objekte zugreifen, ohne dass es hierbei zu Konflikten kommt.

Die Ausgabe im Browser ist bei JavaScript und PHP identisch:

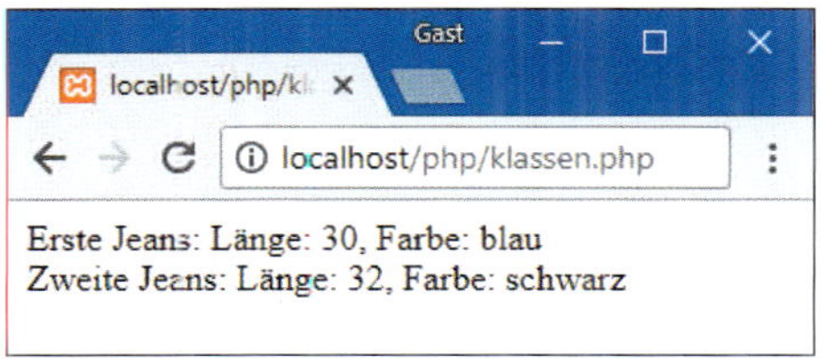

Objektorientierte Programmierung

Sowohl in JavaScript als auch in PHP können eigene Klassen definiert werden, auf deren Eigenschaften und Methoden dann mit Hilfe von Objekten zugegriffen werden kann.

1.7 Guter Programmierstil

„Ordnung ist das halbe Leben", lautet ein altkluger Spruch. Beim Programmieren bewahrheitet er sich, denn Fehler, und sei es nur eine fehlende Klammer, werden nicht toleriert. Gewöhnen Sie sich deshalb von Anfang an einen Programmierstil an, der Ihre Programme lesbar macht und Leichtsinnsfehler vermeidet.

1.7.1 Formatierung

Gewöhnen Sie sich eine übersichtliche und durchgängige Formatierung Ihrer Programme an. Im Screenshot unten sind jeweils zusammengehörende Programmteile eingerückt. Hierdurch erhöht sich die Übersichtlichkeit eines Programms erheblich.

Mit *NetBeans* können Sie Ihr Programm im Menü *Source > Formatierung* mit einem Klick formatieren. Zusätzlich bietet *NetBeans* ein sogenanntes *Syntax-Highlighting* an, wobei der kompliziert klingende Begriff nichts anderes als farbige Hervorhebung bedeutet.

Syntax-Highlighting

Bei *NetBeans* werden Schlüsselwörter blau, Variablen magenta und Text orange hervorgehoben.

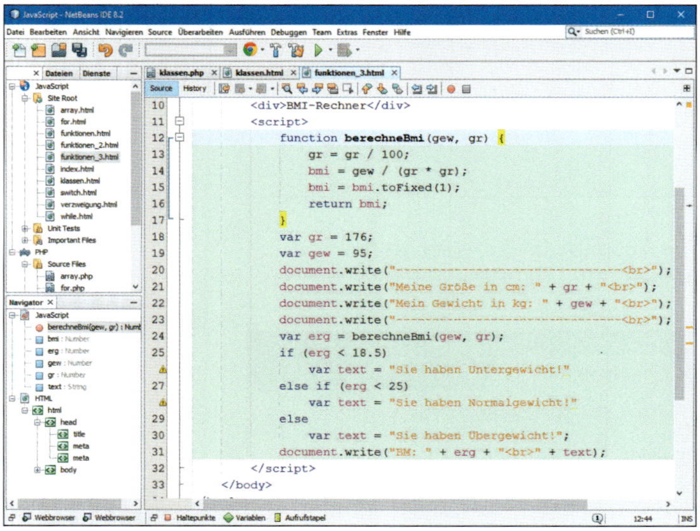

1.7.2 Kommentare

Sie werden dies vielleicht bereits erlebt haben, wenn Sie die Programmierbeispiele in diesem Kapitel umgesetzt haben: Wenn das Programm läuft, ist man glücklich und – vermeintlich – fertig.

Machen Sie sich dennoch die Mühe und kommentieren Sie Ihre Programme. Diese sind für die Programmausführung nicht erforderlich, helfen Ihnen aber dabei, Ihr Programm auch noch einige Monate später nachvollziehen zu können. Kommentare sind umso wichtiger, wenn Sie ein Projekt im Team bearbeiten.

JavaScript / PHP

Einzeiliger Kommentar

```
//Dies ist ein einzeiliger Kommentar
```

Mehrzeiliger Kommentar

```
/* Dies ist Kommentar, der über mehre-
re Zeilen geht. */
```

1.7.3 Sprechende Namen

Benennen Sie Ihre Variablen und Funktionen bzw. Methoden so, dass Sie bereits anhand des Namens auf deren Bedeutung schließen können (Beispiele aus JavaScript):

- `var nachname;`
- `var geburtsort;`
- `function berechneBMI(...)`
- `function setLaenge(...)`

Es ist zwar keine Vorschrift, aber Konvention, dass Funktionen bzw. die Methoden von Klassen mit einem Kleinbuchstaben beginnen und alle weiteren Wortbestandteile großgeschrieben werden. An diese Regel halten sich auch bereits vordefinierte Funktionen, die Sie in den Kapiteln 2 und 3 noch kennenlernen werden.

1.8 Aufgaben

1 Statische und dynamische Webseiten unterscheiden

Erklären Sie den *wesentlichen* Unterschied zwischen statischen und dynamischen Webseiten.

2 Ablauf dynamischer Anfragen kennen

Bringen Sie den Ablauf einer dynamischen Suchanfrage in die richtige Reihenfolge. Notieren Sie hierzu die Ziffern 1 bis 8 in den Kästchen.

- ☐ Anzeige der Seite im Browser
- ☐ Eingabe eines Suchbegriffs
- ☐ Anfrage an Datenbank
- ☐ HTTP-Request an Webserver
- ☐ PHP-Interpreter erzeugt HTML5
- ☐ Suchergebnis aus Datenbank
- ☐ HTTP-Response an Client
- ☐ PHP-Interpreter wertet Anfrage aus

3 Webtechnologien kennen

Erklären Sie in einem kurzen Satz die Bedeutung/Aufgabe von:

a. JavaScript

b. PHP

c. NetBeans IDE

d. Apache

e. XAMPP

4 Merkmale einer Variablen kennen

a. Erklären Sie die Funktion von Variablen.

b. Zählen Sie die drei Regeln für PHP-Variable auf.

1.

2.

3.

c. Zählen Sie die drei Regeln für JavaScript-Variable auf.

1.

2.

3.

5 PHP-Variable kennen

Kreuzen Sie an, welche der genannten Variablennamen zulässig sind.

- ☐ `$Nachname`
- ☐ `Wohnort`
- ☐ `$E-Mail`
- ☐ `&plz`
- ☐ `$1a`
- ☐ `$Maße`
- ☐ `$mein_name`

6 Variablennamen vergeben

Variable sollen „sprechende" Namen erhalten.

a. Erklären Sie den Ausdruck.

b. Formulieren Sie drei Beispiele für JavaScript-Variable mit sprechenden Namen.

1.

2.

3.

7 Wertzuweisung verstehen

Gegeben ist folgender Ausschnitt aus einem JavaScript-Programm:

```
1  var zahl = 0;
2  zahl = 5;
3  zahl = zahl + 3;
4  zahl++;
```

a. Geben Sie den Wert der Variablen in den Zeilen 1 bis 4 an.

1

2

3

4

b. Worin besteht der Unterschied zwischen = und ==?

8 Variable anwenden

Gegeben ist folgendes PHP-Skript:

```
<?php
$vokal = "a";
echo "Dr".$vokal." Ch".
$vokal."n",$vokal."s".
$vokal."n m".$vokal."t d".
$vokal."m K".$vokal."ntr".
$vokal."b".$vokal."ss!";
?>
```

Notieren Sie die Textausgabe:

9 if-Verzweigung verstehen

Gegeben ist folgendes JavaScript-Programm:

```
<script>
var zahl1 =    ;
var zahl2 =    ;
if(zahl2 != 0) {
var resultat = zahl1/zahl2;
document.write(resultat);
} else {
document.write ("Division
unmöglich");
}
</script>
```

Welche Ausgabe erfolgt?

a. `zahl1 = 10, zahl2 = 2`

b. `zahl1 = 2,  zahl2 = 10`

c. `zahl1 = 10, zahl2 = 0`

d. `zahl1 = 0,  zahl2 = 5`

10 Zählschleife programmieren

Schreiben Sie ein PHP-Skript, das untereinander alle *ungeraden* Zahlen von 1 bis 99 ausgibt.

1 <?php

2

3

4 ?>

11 Schleifen verstehen

Gegeben sind zwei Varianten eines JavaScript-Programms:

Variante 1:

```
var zahl = 10;
while (zahl>0) {
document.write(zahl);
zahl--;
}
```

Variante 2:

```
var zahl = 10;
while (zahl>0) {
zahl--;
document.write(zahl);
}
```

a. Geben Sie an, welche Werte ausgegeben werden.

Variante 1:

Variante 2:

b. Ändern Sie Variante 1 so ab, dass die Zahlen 10 bis 0 ausgegeben werden.

c. Ändern Sie Variante 2 so ab, dass die Zahlen 10 bis 0 ausgegeben werden.

12 Arrays (Felder) kennen

a. Wozu dienen Arrays?

b. Geben Sie zwei Anwendungsbeispiele.

1.

2.

13 Array programmieren

Gegeben ist ein unvollständiger JavaScript-Programmcode:

```
1 <script>
2 var adresse = new Array
  ("Paul","Panther",
  "Hauptstraße","12",
  "79098","Freiburg");
3 document.write(...);
4 </script>
```

Ergänzen Sie Zeile 3 so, dass der Datensatz in folgender Form ausgegeben wird:

```
Paul Panther
Hauptstraße 12
79098 Freiburg
```

14 Fehler suchen

Gegeben ist folgendes PHP-Skript:

```
<?php
$i = 0;
while ($i > 0) {
  $i++;
  echo "$i<br>";
}
?>
```

a. Welchen Fehler enthält das Programm?

b. Ändern Sie das Programm so ab, dass es die Zahlen von 1 bis 100 ausgibt.

15 Funktionen programmieren

In der Schule muss ein Schüler als Strafarbeit einen Satz x-mal schreiben.

a. Schreiben Sie eine PHP-Funktion `strafe()`, die den Satz *Ich muss besser aufpassen!* 100-mal untereinander ausgibt.

```
<?php

?>
```

b. Notieren Sie im Skript oben die Veränderungen, so dass beim Funktionsaufruf die Anzahl an Wiederholungen an die Funktion übergeben werden kann, z. B. `strafe(50)`.

16 Klassen und Objekte unterscheiden

a. Geben Sie drei mögliche Eigenschaften und drei Methoden einer Klasse *Auto* an.

Eigenschaften:

Methoden:

b. Geben Sie den Unterschied eines Objektes *Auto* zur Klasse *Auto* an.

17 Programme kommentieren

Ergänzen Sie die fehlenden Zeichen für folgende Kommentare:

a. einzeiliger Kommentar,

Ich bin ein Kommentar

b. mehrzeiliger Kommentar.

Ich bin ein Kommentar, der
sich über mehrere Zeilen
erstreckt.

2 JavaScript

Check for updates

2.1 Einführung

2.1.1 Was ist JavaScript?

JavaScript wurde 1995 von der Firma Netscape entwickelt und mit dem damaligen Browser „Netscape Navigator" auf den Markt gebracht, um interaktive oder dynamische Elemente auf Webseiten zu ermöglichen. Typische Anwendungsgebiete sind:

- Vollständigkeits- und Plausibilitätsprüfung von Formulareingaben
- Meldungen in Dialogfenstern
- Verschlüsselung von E-Mail-Adressen als Spamschutz
- Seiteninhalte aktualisieren, ohne dass die Seite neu geladen werden muss (Ajax)
- Vorschlagen von Suchbegriffen während der Eingabe (Ajax)

Bei JavaScript handelt es sich um eine *clientseitige Programmiersprache*, man spricht auch von einer *Skriptsprache*. JavaScript-Code kann direkt im Browser ausgeführt werden, ohne dass hierfür eine Internetverbindung notwendig ist. Der Browser besitzt hierzu einen sogenannten *Interpreter*, der den JavaScript-Code „versteht" und die Befehle ausführt. Hierdurch ergibt sich der große Vorteil, dass JavaScript unabhängig von einer (vielleicht langsamen) Internetverbindung ausgeführt wird.

Beispiel: Mittels JavaScript können Sie überprüfen, ob ein Formular vollständig (und korrekt) ausgefüllt wurde. Erst dann erfolgt die Datenübertragung zum Webserver.

Im Unterschied zur clientseitigen Sprache JavaScript gibt es auch serverseitige Sprachen wie PHP. In diesem Fall ist ein Webserver notwendig, um ein Programm ausführen zu können.

Abschließend hier noch der Hinweis, dass JavaScript abgesehen vom Namen nichts mit der Programmiersprache *Java* zu tun hat.

2.1.2 Pro und Contra

Aufgrund der vielfältigen Einsatzmöglichkeiten hat die Bedeutung von JavaScript in den letzten Jahren stark zugenommen.

Pro JavaScript

Für JavaScript spricht, dass sich Funktionen realisieren lassen, die die Benutzung von Webseiten komfortabler oder sicherer machen, z. B. die Prüfung von Formularen auf Vollständigkeit oder die Verschlüsselung von E-Mail-Adressen.

Seit die Entwicklung von *Flash* eingestellt wurde, werden Animationen oder andere multimediale Anwendungen mit HTML5, CSS3 und JavaScript realisiert. (Informationen hierzu finden Sie im Band *Animation* in dieser Buchreihe.)

Auch die weitverbreiteten *Content-Management-Systeme (CMS)* zur komfortablen Erstellung und Pflege von Webseiten kommen ohne JavaScript nicht aus.

Ajax (Asynchronous JavaScript and XML), eine auf JavaScript basierende Technologie, bietet die Möglichkeit, die Inhalte von Webseiten zu ändern, ohne dass die Seite neu geladen werden muss. Hieraus ergibt sich ein enormes Potenzial für Internetanwendungen, beispielsweise für die automatische Vervollständigung von Suchbegriffen (siehe Seite 47).

Contra JavaScript

Gegen JavaScript könnte sprechen, dass JavaScript in manchen Browsern deaktiviert werden kann **A**. Eine Website, die JavaScript beispielsweise zur Navigation benötigt, würde dann nicht mehr funktionieren.

Warum lässt sich JavaScript deaktivieren? Der Grund hierfür ist, dass die Skriptsprache leider auch missbraucht

P. Bühler, P. Schlaich, D. Sinner, *Webtechnologien*, Bibliothek der Mediengestaltung,
https://doi.org/10.1007/978-3-662-54730-4_2

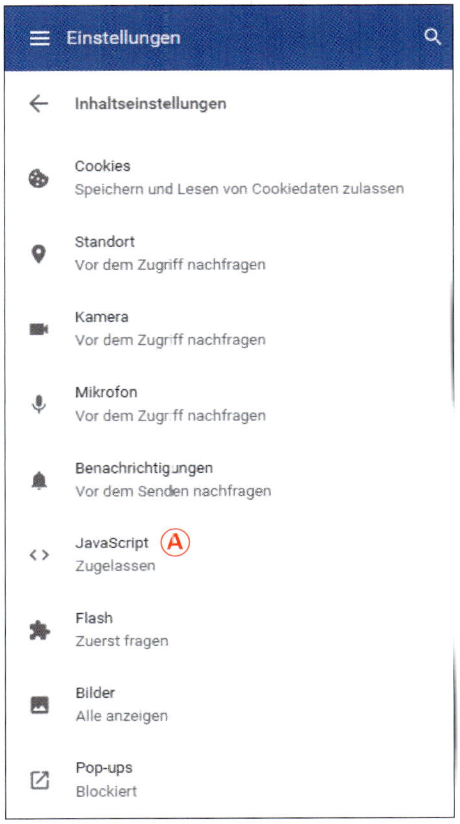

JavaScript zugelassen?

Bei Chrome kann JavaScript deaktiviert werden.

werden kann, um Sicherheitslücken im Browser zu nutzen und Schaden anzurichten. Dies wurde in der Vergangenheit immer wieder ausgenutzt, so dass manche Firmen oder auch Privatleute deshalb auf JavaScript verzichten.

Fazit

Die Vorteile von JavaScript überwiegen die Risiken. Die Möglichkeiten von JavaScript sind so groß, dass man praktisch nicht mehr darauf verzichten kann. Die Hauptfunktionen einer Website sollten jedoch aus erwähntem Grund auch ohne JavaScript funktionieren.

2.1.3 JavaScript verwenden

Grundsätzlich haben Sie zwei Möglichkeiten, JavaScript zu verwenden:

- im Dateikopf <head> oder im Dateikörper <body> einer HTML5-Datei,
- in einer externen JS-Datei.

JavaScript in der HTML5-Datei

Notieren Sie JavaScript an den Stellen im <body>, an denen es ausgeführt werden sollen. JavaScript im Dateikopf <head> ist immer dann sinnvoll, wenn Sie es mehrfach aufrufen wollen (siehe Funktionen auf Seite 20).

Die erste Möglichkeit besteht darin, JavaScript-Code innerhalb des <script>-Tags zu notieren. Im Beispiel erfolt eine einfache Textausgabe.

Alternativ kann JavaScript auch ausgeführt werden, wenn der Nutzer auf einen Link klickt (Zeile 12). Bei `onclick` handelt es sich um einen sogenannten *Event-Handler*. Das „Event" (= Ereignis) ist in diesem Fall ein Mausklick auf den angegebenen Button, der die Ausführung des Skripts auslöst.

Der Befehl `window.print();` öffnet den Drucker-Dialog, der den Ausdruck des Seiteninhalts ermöglicht.

JavaScript in einer HTML5-Datei

Beispiel

```
1  <!DOCTYPE HTML>
2  <html>
3  <head>
4   <title>Mein JavaScript</title>
5   <meta charset="UTF-8">
6  </head>
7  <body>
8   <script>
9     document.write("Text mit Java-
10    Script erzeugt.<br>");
11  </script>
12  <a href="#" onclick="window.print();">
13  Drucken</a>
14  </body>
15 </html>
```

Making of …

1. Zur Erstellung von JavaScript nutzen wir die Entwicklungsumgebung *NetBeans*. Auf Seite 4 ist beschrieben, wie Sie *NetBeans* installieren.

2. Starten Sie *NetBeans*. Falls Sie die Grundlagen schon bearbeitet haben (Seite 11), öffnen Sie Ihr JavaScript-Projekt. Fahren Sie bei Schritt 5 fort.

3. Wählen Sie im Menü *Datei > Neues Projekt*, im sich öffnenden Fenster die Kategorie *HTML5/JavaScript* und als Projekt *HTML5/JavaScript-Application* aus.

4. Geben Sie den Namen des Projektes ein und wählen Sie den gewünschtenSpeicherort aus. Klicken Sie auf *Fertigstellen*.

5. Erstellen Sie im Menü *Datei > Neue Datei…* in der Kategorie *HTML5/JavaScript* eine Datei vom Typ *HTML File*. Geben Sie den JavaScript-Code von Seite 33 ein.

6. Testen Sie die Datei im Browser. Die Anzeige müsste folgendermaßen aussehen:

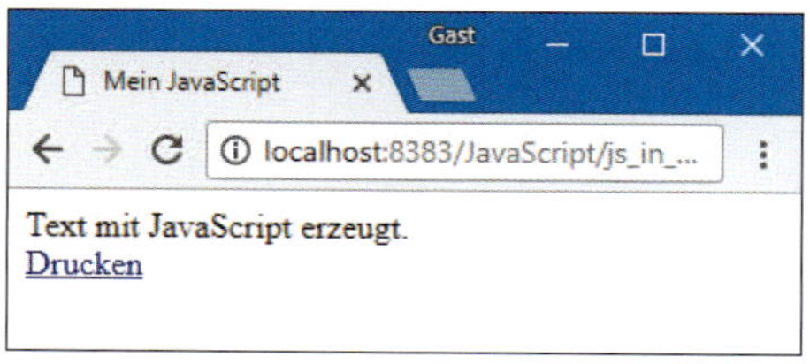

JavaScript in externer Datei
Wenn Sie ein Skript in mehreren HTML5-Dateien benötigen, empfiehlt es sich, das Skript als eigene Datei abzuspeichern und in der HTML5-Datei lediglich den Pfad zur Datei anzugeben. Externe Skripte müssen die Dateiendung `.js` erhalten. Ihr Aufruf erfolgt mit Hilfe des `src`-Attributs (von source, dt.: Quelle). Eine Kombination von internen und externen Skripten ist zulässig.

JavaScript in externer JS-Datei

Beispiel

```
1  <!DOCTYPE HTML>
2  <html>
3  <head>
4   <title>Mein JavaScript</title>
5   <meta charset="UTF-8">
6   <script src="extern.js">
7   </script>
8  </head>
9  <body>
10 </body>
11 </html>
```

Making of …

1. Erstellen Sie eine neue Datei vom Typ *JavaScript File* und geben Sie der Datei den Namen *extern.js*.

2. Geben Sie lediglich eine Zeile zur Ausgabe eines Textes ein: `document.write(…);`

3. Erstellen Sie eine zweite Datei vom Typ *HTML File* und ergänzen Sie den Aufruf der externen Datei (Zeile 6 in der Tabelle).

4. Testen Sie die Dateien im Browser. Es müsste der Text der externen Datei angezeigt werden.

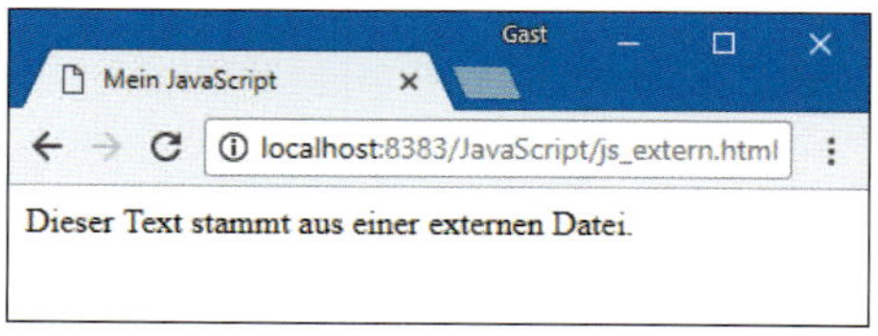

2.2 Fenster

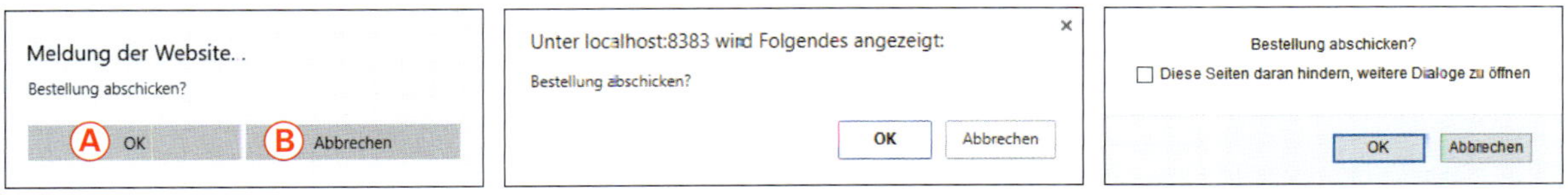

Modale Fenster

Die Darstellung der Fenster unterscheidet sich je nach verwendetem Browser. Von links nach rechts:

- Microsoft Edge
- Google Chrome
- Mozilla Firefox

Nicht ohne Grund erhielt das Betriebssystem des Softwaregiganten Microsoft den Namen Windows. Fenster sind die Grundelemente aller grafischen Betriebssysteme, natürlich auch bei macOS oder Linux.

Programme, Dateien, Webseiten, Meldungen – alles spielt sich in Fenstern ab. So ist es nicht verwunderlich, dass der Umgang mit Fenstern, bei JavaScript als `window`-Objekt bezeichnet, das zentrale Thema dieser Sprache ist. Im Folgenden werden wir lediglich einen kleinen Teil der Möglichkeiten besprechen, die das `window`-Objekt bietet.

2.2.1 Modale Fenster

In Abhängigkeit von ihrer Funktion werden bei JavaScript drei Arten von (modalen) Fenstern unterschieden. Es sind Fenster, die eine

- (Warn-)Meldung ausgeben,
- Bestätigung oder
- Eingabe erfordern.

Die angezeigten Fenster unterscheiden sich optisch in Abhängigkeit vom Betriebssystem und dem verwendeten Browser, ihre Funktion ist jedoch immer gleich. Ein gemeinsames Merkmal aller modalen Fenster ist, dass das aufrufende Fenster sichtbar bleibt, bis der es der Nutzer durch Anklicken eines Buttons wieder schließt.

Modale Fenster

(Warn-)Meldung

```
window.alert("Vielen Dank für Ihre
Bestellung");
```

Bestätigung

```
window.confirm("Bestellung abschi-
cken?");
```

Eingabe

```
window.prompt("Bitte geben Sie Ihren
Namen ein:");
```

Beachten Sie, dass die Verwendung eines modalen Fensters einen wichtigen Grund haben muss, z. B. den Nutzer auf die Gefahren eines Downloads hinzuweisen oder ihn eine Bestellung (verbindlich) bestätigen zu lassen.

Bei Bestätigungs- oder Eingabefenstern hat der Nutzer die Wahl zwischen *OK* und *Abbrechen*. In Abhängigkeit von der getroffenen Entscheidung muss das JavaScript-Programm reagieren.

Auswertung der Benutzereingaben

Auswertung mit `if`-Verzweigung

```
<script>
if (window.confirm("Bestellung
abschicken?")) {
  document.write("Vielen Dank für Ihre
  Bestellung!");
}
</script>
```

Auswertung durch Event-Handler

```
<a href="agb.pdf" onclick="return
window.confirm('AGB speichern?')">
AGB</a>
```

Wenn der Nutzer auf *OK* **A** klickt, dann wird der Ausdruck `window.confirm(...)` wahr (`true`), bei *Abbrechen* **B** wird er falsch (`false`). In der `if`-Verzweigung (siehe Seite 14) wird dies ausgewertet: Der Text wird nur ausgegeben, wenn der Wert in der `if`-Bedingung erfüllt, also `true` ist.

Das zweite Beispiel mit dem Event-Handler `onclick` funktioniert ähnlich: Der Hyperlink wird nur verfolgt, wenn der Rückgabewert (`return`) wahr (`true`) ist. Dies ist der Fall, wenn der *OK*-Button betätigt wurde. Im anderen Fall wird der Hyperlink ignoriert.

Making of ...

1. Erstellen Sie eine neue HTML5-Datei mit dem Namen *modale_fenster.html*.
2. Ergänzen Sie ein JavaScript-Programm mit einem Meldungs-, Bestätigungs- und Eingabefenster.
3. Testen Sie die Funktionsweise im Browser.
4. Ergänzen Sie die Auswertung des Bestätigungsfensters mit Hilfe einer `if`-Verzweigung (siehe Seite 35).

2.2.2 Eigene Fenster

Fenster öffnen

Mit JavaScript können Sie (Popup-) Fenster nicht nur erzeugen, sondern das Aussehen und die Platzierung des Fensters beeinflussen. Es gilt jedoch:

Popup

Überlegen Sie gut, ob Sie ein Popup-Fenster auch wirklich brauchen. Nutzer wollen die Kontrolle über ihre Fenster haben!

Dennoch kann es auch eine Berechtigung für ein Popup-Fenster geben, z. B. wenn die Information für den Nutzer so wichtig ist, dass sie in einem extra Fenster angezeigt wird. Übrigens: Auch *Popup-Blocker* verhindern das Öffnen eines Fensters nicht, wenn dies auf

Eigenes Fenster öffnen

Allgemeine Definition

```
window.open(url,name,optionen);
```

Optionen[1]	Bedeutung	Wert
height	Fensterhöhe	Pixel
width	Fensterbreite	Pixel
top	Abstand zum oberen Rand	Pixel
left	Abstand zum linken Rand	Pixel

Beispiel

```
1 <body>
2 <a href="fenster.html" target="neu"
3 onclick="window.open('','neu',
4 'width=300,height=400,left=100,
5 top=100')">Neues Fenster</a>
6 </body>
```

[1] Es gibt weitere Optionen, die aber nur in bestimmten Browsern funktionieren und auf die wir deshalb verzichten.

Wunsch des Nutzers erfolgt (`onclick`), sondern nur das automatische Öffnen mittels `onload`-Event.

Um mit `window.open()` ein neues Fenster zu generieren, sind drei Parameter erforderlich:

- Die `url` (Uniform Resource Locator) bezeichnet die Adresse der Datei, die im neuen Fenster geöffnet werden soll. Im Beispiel entfällt die Angabe, weil die `url` bereits bei `href` steht.
- Der `name` ist frei wählbar und verweist auf das Zielfenster und muss identisch sein mit dem im `target`-Attribut angegebene Ziel (Zeile 2).
- Die `optionen` bestimmen die Größe und Position des Fensters. Sie sollten ohne Leerzeichen aufgezählt werden. Im Beispiel wird ein Fenster mit einer Breite von 300 Pixel und Höhe von 400 Pixel erzeugt. Sein linker oberer Eckpunkt befindet sich 100 Pixel vom oberen und 100 Pixel vom linken Bildschirmrand entfernt.

Beachten Sie bitte, dass zur Angabe der Parameter kein Anführungszeichen ("), sondern ein Hochkomma (') verwendet wird. Dies hat den Grund, dass das Anführungzeichen bereits nach onclick verwendet wurde.

Fensterinhalt drucken

Die Möglichkeit, Webseiten auszudrucken, stellt jeder Browser zur Verfügung. Das Problem dabei ist, dass dann immer der gesamte Seiteninhalt samt Navigation und möglicherweise Werbung gedruckt wird.

Anwenderfreundlicher ist es deshalb, wenn Sie dem Nutzer ermöglichen, nur den gewünschten Inhalt in einer gut lesbaren (Druck-)Schrift auszudrucken. Dies lässt sich mit *Media Queries (CSS3)* realisieren, der Aufruf des Drucken-Dialogs erfolgt mit JavaScript.

Fensterinhalt drucken
Auswertung mit if-Verzweigung
window.print();
Aufruf über Textlink
<a href="#" onclick="window.print()"> Fenster drucken</a>
Aufruf über Button
<img src="drucken.gif" onclick="window print();">

Fenster schließen

Ein Fenster per JavaScript schließen zu können ist im Grunde unnötig, weil diese Funktion jedes Fenster in der Titelleiste besitzt. Dennoch kann es die Benutzerführung verbessern, wenn sich die gesamte Navigation innerhalb des Browserfensters befindet. Denken Sie an Menschen, die im Umgang mit dem Computer wenig vertraut sind!

Das Schließen von Fenstern funktioniert nur bei (eigenen) Fenstern, die zuvor geöffnet wurden. Es ist nicht möglich und wäre auch nicht wünschenswert, den Webbrowser insgesamt schließen zu können.

Fenster schließen
Auswertung mit if-Verzweigung
window.close();
Aufruf über Textlink
<a href="#"[1] onclick="window.close()"> Fenster schließen</a>
Aufruf über Button
<img src="schliessen.gif" onclick="window.close();">

[1] Die Angabe bewirkt, dass der Link zu keinem Dateiaufruf führt.

Making of …

1. Erstellen Sie zunächst eine HTML5-Datei, die einen Link zum Aufruf eines neuen Fenster enthält (siehe Skript auf Seite 36) **A**.

2. Erstellen Sie eine zweite HTML-Datei *fenster.html* mit dem Inhalt des neuen Fensters. Geben Sie zunächst nur den Text **B** ein.

3. Erstellen Sie zwei Buttons, entweder in einem Grafikprogramm oder mit Hilfe von CSS3 **C**.

4. Ergänzen Sie ein JavaSript-Programm in der Datei *fenster.html*, das die Funktion der Buttons, also Fenster drucken bzw. Fenster schließen, realisiert.

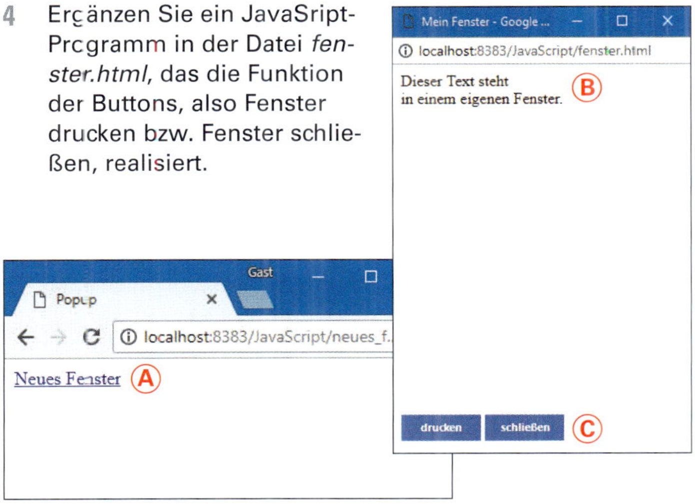

2.3 Formularprüfung

Formular

Die typischen Komponenten eines HTML5-Formulars sind:

A Textfelder
B Radiobuttons
C Auswahllisten
D Checkboxen

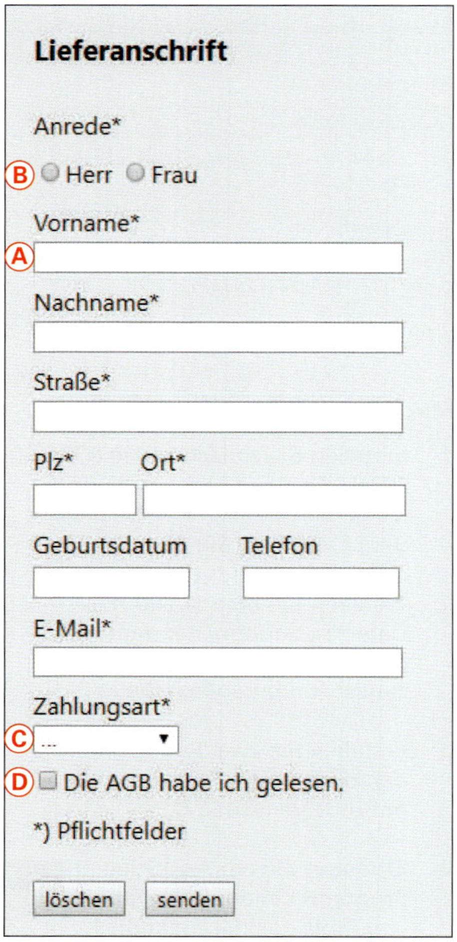

Ein Formular enthält meistens Pflichtfelder, die ausgefüllt werden müssen, und Zusatzfelder, mit denen versucht wird, Informationen über den Nutzer zu sammeln. Mit Hilfe von JavaScript kann überprüft werden, ob alle Pflichtfelder ausgefüllt wurden.

Der Vorteil gegenüber einer serverseitigen Überprüfung ist, dass unvollständige Datensätze erst gar nicht an den Server geschickt werden. Hierdurch verhindert der Anbieter Fehler in seiner Datenbank.

2.3.1 HTML5-Formular

Auf die Erstellung von Formularen mit HTML5 sowie deren Formatierung mit CSS3 gehen wir hier nicht ein, sondern schauen uns lediglich die Auswertung der Eingaben mittels JavaScript an.

Formular (HTML5)

Beispiel

```
1  <form name="anschrift"
2  action="auswertung.php" method="get"
3  onsubmit="return check()">
4  <div>Anrede*</div>
5  <div><input type="radio"
6  name="anrede" value="Herr">Herr
7  <input type="radio"
8  name="anrede" value="Frau">Frau
9  </div>
10 <div>Vorname*</div>
11 <input type="text" name="vname"
12 size=30>
13 <div>Nachname*</div>
14 <input type="text" name="nname"
15 size=30>
16 ...
17 <div>Zahlungsart*</div>
18 <select name="zahlung">
19 <option>...</option>
20 <option>Kreditkarte</option>
21 <option>Nachnahme</option>
22 <option>Rechnung</option>
23 </select><br>
24 <div><input type="checkbox"
25 name="agb"> Die AGB habe ich
26 gelesen.</div>
27 <div>*) Pflichtfelder</div><br>
28 <input type="reset"
29 value="löschen">
30 <input name="abschicken"
31 type="submit" value="senden">
32 </form>
```

Das JavaScript beschränkt sich bislang auf Zeile 3: Der Event-Handler `onsubmit` wird aktiv, wenn der Nutzer auf den Senden-Button klickt. Es ruft dann eine selbst definierte Funktion `check()` auf, die Sie im Laufe dieses Kapitels kennenlernen. Die Weiterleitung der Formulardaten an die PHP-Datei (Zeile 2) erfolgt erst dann, wenn `check()` den Wert `true` zurückgibt.

2.3.2 Textfeld

Im ersten Schritt wird überprüft, ob ein Eintrag (von mindestens einem Zeichen) in ein Textfeld erfolgt ist.

Textfelder auswerten

Beispiel

```
1  <script>
2    function check() {
3    var f = document.anschrift;
4    if (f.vname.value == "") {
5      window.alert("Bitte Vorname
6      eingeben!");
7    return false;
8    }
9    return true;
10 </script>
```

Auf das Formular mit dem Namen `anschrift` wird mit `document.anschrift` zugegriffen. Die Variable `f` dient nur zur Abkürzung. Um ein bestimmtes Formularfeld anzusprechen, wird dessen Name (`name`) einfach angehängt: `f.vname`. Schließlich soll der Inhalt (`value`) dieses Feldes überprüft werden, so dass diese Eigenschaft ebenfalls angehängt wird: `f.vname.value`. Diese Punktnotation ist bei objektorientierten Programmiersprachen üblich (siehe Seite 23ff).

Die `if`-Verzweigung (Zeile 4) prüft, ob mindestens ein Zeichen eingegeben wurde, und zeigt andernfalls ein Fenster mit einer Fehlermeldung. Danach wird der Wert `false` zurückgegeben, so dass das Senden abgebrochen wird.

Das Skript prüft nicht, ob ein *korrekter* Name eingegeben wurde. Eine Erweiterung des Skripts wäre die Prüfung, ob mindestens zwei Buchstaben eingegeben wurden, wenn man „Ed" als kürzesten Vornamen akzeptiert. Die Bedingung der `if`-Verzweigung müssen Sie dann einfach in `(f.vname.length < 2)` ändern.

2.3.3 Radiobuttons

Im nächsten Schritt wird überprüft, ob einer der Radiobuttons für die korrekte Anrede angeklickt wurde.

Radiobuttons auswerten

Beispiel

```
<script>
  function check() {
  var f = document.anschrift;
  if (!f.anrede[0].checked &&
  !f.anrede[1].checked) {
    window.alert(„Anrede wählen!");
    return false;
    }
  return true;
</script>
```

Beide Radiobuttons besitzen den Namen `anrede`. Ihr Zustand, also angeklickt (`checked`) oder nicht, wird in einem Array `anrede[]` gespeichert (siehe Seite 19).

Die `if`-Verzweigung liest sich kompliziert: Bei `!f.anrede[0].checked` dient der `!`-Operator zur Verneinung (siehe Seite 10), also: Radiobutton [0] wurde *nicht* angeklickt. Die Warnmeldung soll jedoch nur erfolgen, wenn der erste [0] und der zweite [1] Radiobutton nicht angeklickt wurden. Dies wird durch den `&&`-Operator realisiert, der für die logische Und-Verknüpfung steht.

2.3.4 Auswahlliste (Menü)

Auch der Zugriff auf die Auswahlliste erfolgt über ihren Namen `zahlung`. Wie bei den Radiobuttons werden die Elemente einer Auswahlliste in einem Array (`options[]`) gespeichert.

Die `if`-Verzweigung prüft, ob der oberste Eintrag [0] der Liste aktiv (`selected`) ist. Dies bedeutet, dass noch keine Auswahl getroffen wurde und die Warnmeldung erfolgt.

Auswahlliste auswerten

Beispiel

```
<script>
  function check() {
  var f = document.anschrift;
  if (f.zahlung.options[0].
  selected) {
  window.alert("Zahlungsart wählen");
  return false;
  }
return true;
</script>
```

2.3.5 Checkbox

Aus rechtlichen Gründen muss ein Kunde bestätigen, dass er die Allgemeinen Geschäftsbedingungen (AGB) „gelesen" hat.

Auswahlliste auswerten

Beispiel

```
<script>
  function check() {
  var f = document.anschrift;
  if (!f.agb.checked) {
    window.alert("AGB bestätigen!");
    return false;
  }
  return true;
</script>
```

Eine Checkbox wird überprüft, indem sie mit ihrem Namen (`agb`) angesprochen und auf `checked` getestet wird. Das `!` steht auch hier für Verneinung: Die Meldung erscheint, wenn die Checkbox *nicht* angeklickt wurde.

2.3.6 Fazit

Als Zusammenfassung der letzten Abschnitte ergibt sich folgende Funktion `check()`, mit der sich alle Formularfelder überprüfen lassen.

Eine sinnvolle Erweiterungen wäre die Prüfung, ob im E-Mail-Feld das @-Zeichen verwendet wurde (Eigenschaft: `charAt(x)`). Außerdem wäre es schöner, wenn nur ein Warnfenster erscheinen würde, in dem alle noch fehlenden Angaben aufgelistet sind. Die Fehlermeldungen müssen hierzu zu einem String verbunden werden.

JavaScript zur Formularüberprüfung

Beispiel

```
<script>
  function check() {
  var f = document.anschrift;
  if (f.vname.value == "") {
    window.alert("Bitte Vorname
    eingeben!");
    return false;
    }
  // Hier die weiteren Textfelder
  if (!f.anrede[0].checked &&
  !f.anrede[1].checked) {
    window.alert("Anrede wählen!");
    return false;
    }
  if (f.zahlung.options[0].
  selected) {
    window.alert("Zahlungsart
    wählen");
    return false;
    }
  if (!f.agb.checked) {
    window.alert("AGB bestätigen!");
    return false;
    }
  return true;
  }
</script>
```

Making of …

1. Öffnen Sie eine neue HTML5-Datei. Speichern Sie sie als *formular.html*.
2. Erstellen Sie das auf Seite 38 dargestellte Formular mit HTML5.
3. Ergänzen Sie eine JavaScript-Funktion zur Überprüfung der Vollständigkeit.
4. Testen Sie die Funktion im Browser.

2.4 E-Mail-Verschleierung

Auf Webseiten besteht eine Impressumspflicht, d. h., die Anschrift des Betreibers muss ersichtlich sein. Darüber hinaus finden sich auf den meisten Webseiten ohnehin Kontaktadressen, damit sich die Nutzer an den Anbieter der Webseite wenden können.

Nun geistern leider zahllose Programme, sogenannte *Bots*, durchs Internet, deren Aufgabe es ist, E-Mail- und postalische Adressen zu sammeln. Die Datensätze lassen sich gut verkaufen und die gesammelten E-Mail-Adressen werden von Spammern dazu genutzt, um ihren Datenmüll zu verbreiten. Über die Hälfte[1] aller E-Mails sind Spam – ein riesiger volkswirtschaftlicher Schaden! Wie gelingt es, dass eine Anschrift oder E-Mail-Adresse nur für Menschen, nicht aber für Programme sichtbar ist?

Text als Grafik speichern
Eine naheliegende Idee besteht darin, die Daten nicht als Text, sondern als Grafik zu realisieren. Diese Methode funktioniert, hat aber einen Nachteil: Auch die Anwender können die (E-Mail-)Adresse nicht einfach mit der Maus markieren und kopieren, sondern müssen sie abtippen. Auch für blinde Menschen, die eine Braille-Tastatur verwenden, sind Bilder nicht lesbar.

Text verändern
Häufig ist auf Webseiten zu finden, dass die E-Mail-Adressen geändert werden:

- `paul.panther[AT]gmail.com`
- `paul[DOT]panther[AT]gmail[DOT]com`

Diese Methode bietet einen gewissen Schutz. Allerdings könnte ein Bot mit wenigen Zeilen auch so programmiert werden, dass er prüft, ob die Adresse [at] oder [dot] enthält, und stattdessen die korrekten Zeichen einsetzt.

1 Quelle: https://de.securelist.com (Zugriff: 01.09.2017).

Text durch JavaScript erzeugen
Mit einem kleinen JavaScript-Programm können Sie den Spamschutz erheblich steigern. Der Trick besteht darin, den Text als Zeichenkette mit Hilfe von Variablen zusammenzusetzen.

E-Mail-Adresse verschleiern

Beispiel

```
1 <script>
2   var wer = "paul.panther";
3   var wo = "gmail.com";
4   document.write("<a href=mailto:"
5   + wer + "@" + wo + ">"
6   + wer + "@" + wo);
7 </script>
```

Durch + und das @-Zeichen werden die Variablen `wer` und `wo` zu einer Zeichenkette (String) verbunden. Auf die gleiche Art lässt sich auch ein `mailto`-Link aufbauen (Zeile 4). Die Nutzer sehen die E-Mail-Adresse als Textlink, der auch markiert und kopiert werden kann.

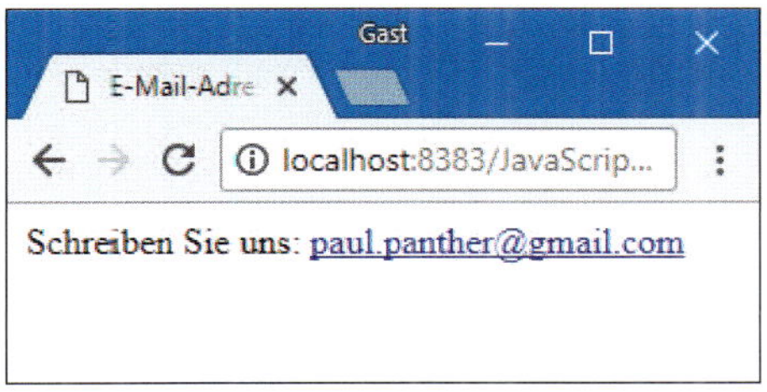

Making of ...

1 Öffnen Sie eine neue HTML5-Datei. Speichern Sie sie unter *email.html*.

2 Erstellen Sie ein JavaScript-Programm zur Verschleierung Ihrer eigenen E-Mail-Adresse.

2.5 Ajax

2.5.1 Was ist Ajax?

Ajax steht für *Asynchronous JavaScript and XML*. Um den Begriff verstehen zu können, betrachten wir zunächst den Ablauf einer „klassischen" Anfrage, der auf der rechten Seite oben grafisch dargestellt ist.

Klassische Webanwendung
Zur Kommunikation zwischen dem Nutzer einer Website und deren Anbieter dienen in der Regel Formulare. In diese trägt der Nutzer Daten ein und schickt sie durch Anklicken eines Senden-Buttons ab **A**. Das Protokoll, das für die Übertragung zuständig ist, heißt HTTP (Hypertext Transfer Protocol) **B**.

Serverseitig werden die Formulardaten mit Hilfe einer Skriptsprache wie z. B. PHP ausgewertet **C**, bei Bedarf werden die erforderlichen Daten aus einer Datenbank oder Datei ausgelesen **D**. Schließlich sorgt das Skript dafür, dass die neuen Daten in eine HTML-Seite „verpackt" **E**, per HTTP an den Client zurückgeschickt **F** und angezeigt werden **G**. Bei einer neuen Anfrage wiederholt sich der gesamte Vorgang.

Sie erkennen den Nachteil dieser Technologie: Bei langsamer Verbindung zwischen Client und Server wird der Datentransfer für den Nutzer zum Geduldsspiel. Doch auch bei den heute oft schnellen Verbindungen wird die Kommunikation schnell nervig, weil der Nutzer bei jeder neuen Anfrage auf einen Button klicken muss. Sie kennen dies vielleicht von Webshops. An dieser Stelle kommt Ajax ins Spiel.

Webanwendungen mit Ajax
Ajax macht sich die Eigenschaften eines speziellen JavaScript-Objekts mit dem komplizierten Namen `XMLHttpRequest` zunutze. Dieses ist in der Lage, mit einem Webserver unabhängig von Benutzereingaben zu kommunizieren.

Im Detail läuft diese Kommunikation zwischen Client und Server folgendermaßen ab (siehe Grafik rechts unten): Sobald der Nutzer Daten eingibt, es genügt ein einzelnes Zeichen **A**, beginnt das JavaScript-Objekt **B** die Kommunikation mit dem Webserver **C**. Serverseitig wird auch hier ein Skript **D** benötigt, das die Anfrage auswertet und die Daten aus einer Datenbank oder Datei holt **E**. Ein wesentlicher Unterschied besteht jedoch darin, dass der Server nur die angeforderten Daten **F** und keine kompletten Seiten zurückschicken muss. Der Vorgang geht also deutlich schneller, denn für das Einfügen der Daten auf der Webseite des Nutzers sorgt JavaScript vor Ort **G**.

Ein weiterer Unterschied ist, dass der Nutzer die Kommunikation fortsetzen kann, während die Kommunikation mit dem Server stattfindet. Diese Form der Kommunikation wird als *asynchron* bezeichnet, so dass der Buchstabe A in Ajax erklärt ist. Bei einer schnellen Verbindung merkt der Nutzer nicht einmal, dass er mit einem Webserver kommuniziert!

Bleibt noch zu klären, was das Ganze mit XML zu tun hat? Bei XML handelt es sich um eine *Metasprache*, ein Regelwerk, mit dem sich XML-konforme Sprachen wie HTML5 definieren lassen. Im Falle von Ajax ist XML allerdings gar nicht unbedingt notwendig. Wie der Name sagt, war das `XMLHttpRequest`-Objekt zwar ursprünglich für den Transfer von XML-Daten gedacht, kann aber ebenso für Text- oder HTML5-Daten verwendet werden.

Fazit: Ajax ist keine neue Technologie, sondern JavaScript, das in der Lage ist, während der Benutzereingaben mit einem Webserver zu kommunizieren.

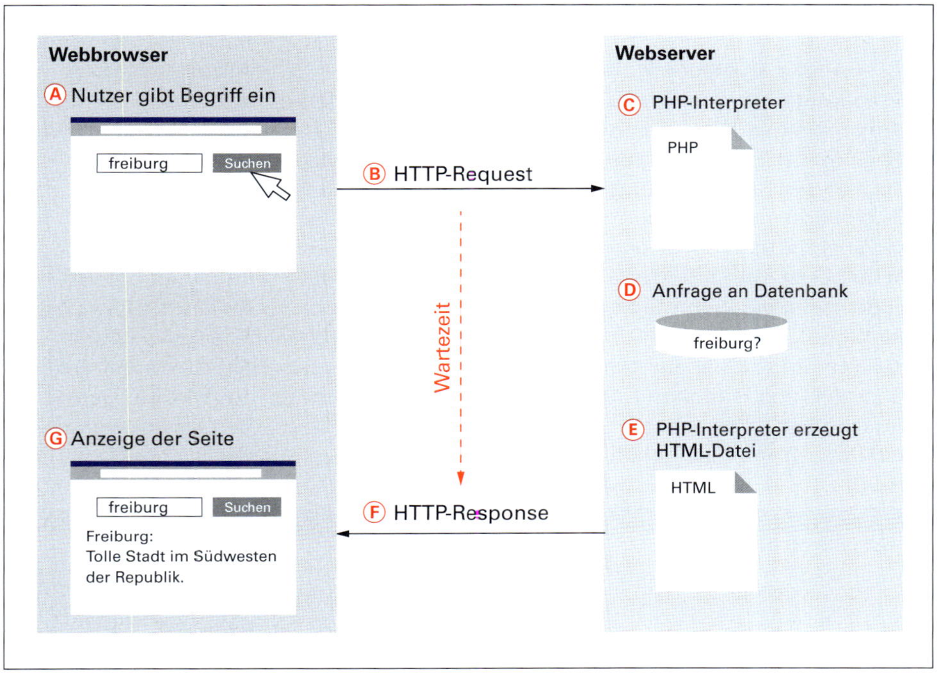

„Klassische" dynamische Anfrage

Zwischen der Anfrage des Nutzers (Request) und der Antwort des Servers (Response) vergeht – in Abhängigkeit von der Internetverbindung – eine mehr oder weniger lange Wartezeit.

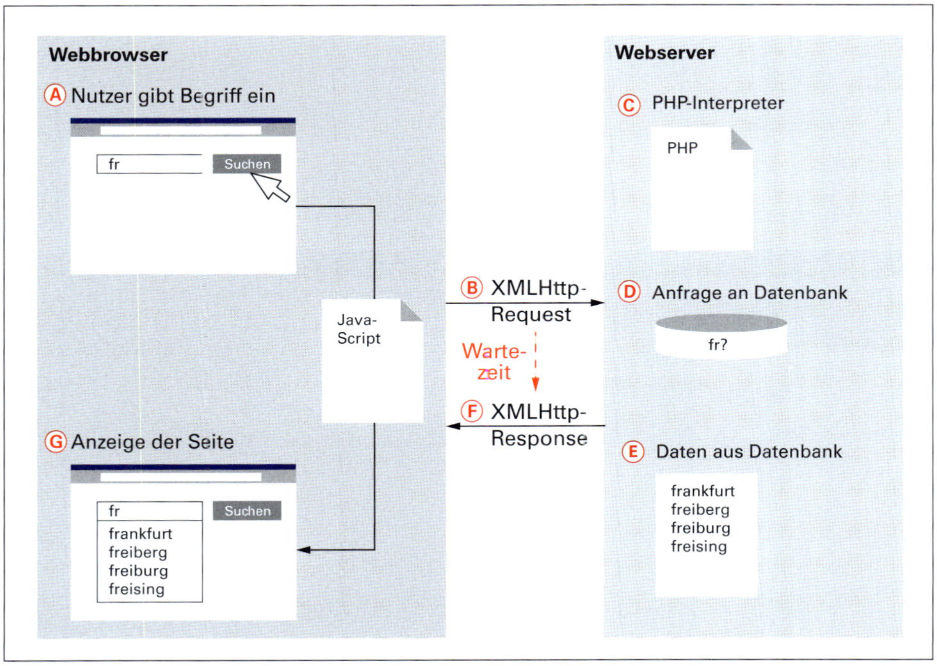

Dynamische Anfrage mit Ajax

Der wesentliche Unterschied besteht darin, dass die Kommunikation mit dem Server bei Ajax asynchron erfolgt. Dies heißt, dass der Nutzer bereits während des Datenaustauschs mit dem Server neue Eingaben machen kann.

2.5.2 Einsatzgebiete

Bevor wir uns an eigene kleine Ajax-Anwendungen „wagen“, möchten wir Ihnen an einigen Praxisbeispielen das große Potenzial von Ajax verdeutlichen:

- Die Autovervollständigung bzw. das Vorschlagen von Suchbegriffen ist bei Suchmaschinen längst Standard. Auch bei der Bildersuche **A** werden Bilder geladen, wenn Sie nach unten scrollen.
- Bei interaktiven Landkarten wie Google Maps **B** können Sie die Karten verschieben und zoomen. Sie werden im Hintergrund nachgeladen.
- Im Internet wird uns immer mehr Software (sogenannte Rich Internet Applications, RIA) zur Verfügung gestellt, die ohne Installation genutzt werden kann. Beispiele sind browserbasierte E-Mail-Programme wie Gmail **C** oder Office-Progamme wie Google Docs **D**.
- Bei sozialen Netzwerken wie Facebook ist die Kommunikation und Interaktion entscheidend. Ohne Ajax (oder vergleichbare Technologien) wären solche Plattformen undenkbar.

Mit Ajax wird es möglich, ein Gerät mit Internetanschluss als vollwertigen Computer zu nutzen. Die benötigte

Ajax-Anwendungen

A Autovervollständigung bei Suchanfragen
B Interaktive Landkarten
C Webmailer
D Browserbasierte Textverarbeitung

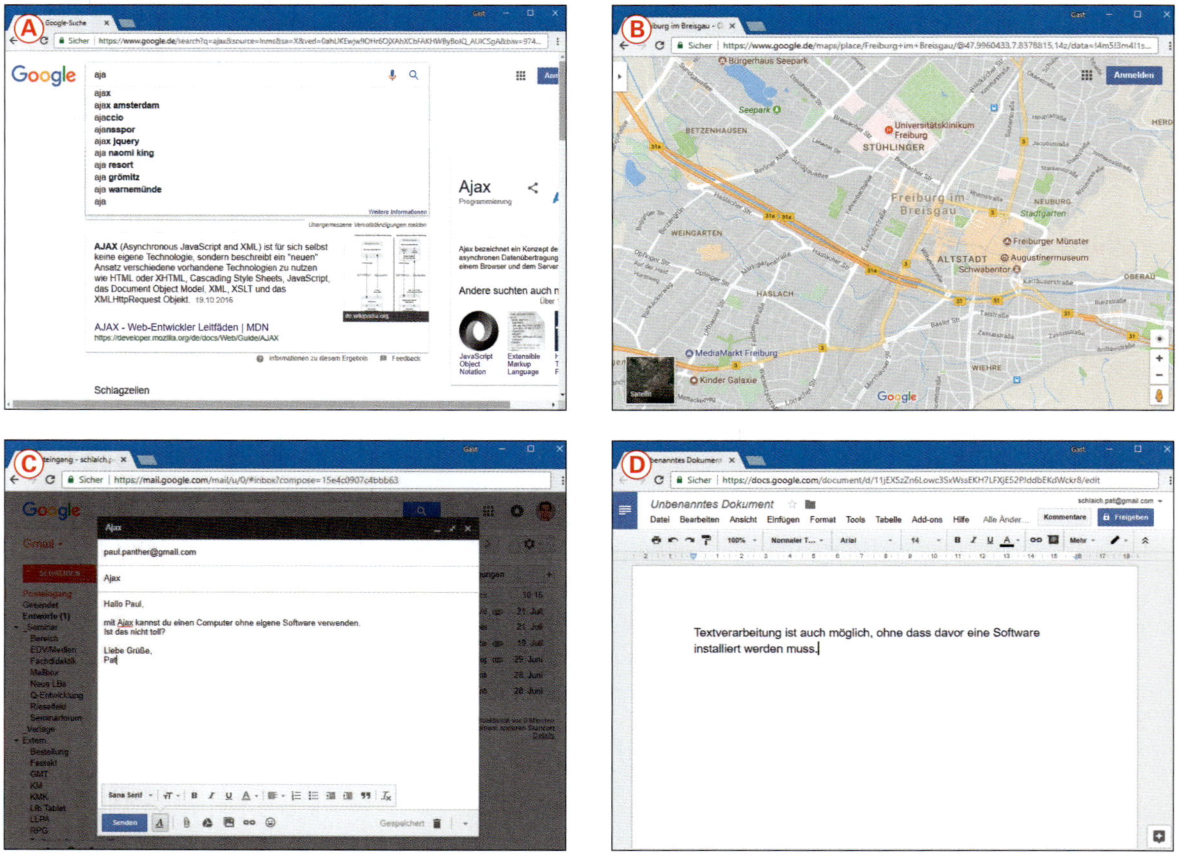

Software lässt sich als Webanwendung realisieren.

Ajax wird von allen aktuellen Browsern unterstützt. Seit der Einführung von HTML5 hat JavaScript und damit auch Ajax deutlich an Bedeutung hinzugewonnen, zumal das Internetkonsortium W3C um Standardisierung der Ajax-Engine bemüht ist. Man darf also gespannt sein, was uns hier in den nächsten Jahren noch erwarten wird. Wird es demnächst auch Photoshop oder Illustrator als Webanwendung geben?

2.5.3 Anwendungsbeispiele

Voraussetzungen
In diesem Abschnitt stellen wir Ihnen zwei einfache Ajax-Anwendungen vor. Um diese nachvollziehen zu können, brauchen Sie einen Webserver (Installation siehe Seite 7) und Grundkenntnisse in PHP.

Beispiel 1: HTML5-Datei laden
Das Beispiel zeigt eine HTML5-Datei mittels Ajax im Browser an. Natürlich wäre für diese Anwendung kein Ajax notwendig, das Beispiel dient lediglich zur Verdeutlichung der Funktionsweise einer Ajax-Anwendung.

Das Listing besteht im Kern aus den beiden JavaScript-Funktionen `ajaxtest` und `ausgabe`, die wir Schritt für Schritt erläutern.

Beispiel 1: HTML5-Datei laden

ajax1.html

```
1  <!DOCTYPE HTML>
2  <html>
3    <head>
4    <title>HTML-Datei laden</title>
5    <meta charset="UTF-8">
6    <script>
7    function ajaxtest() {
8      var suche = new XMLHttpRequest();
9      if (suche != null) {
10       suche.open("GET", "datei.
11       html", true);
12       suche.onreadystatechange =
13       ausgabe;
14       suche.send(null);
15       }
16     function ausgabe() {
17       if (suche.readyState == 4){
18         document.getElementById
19         ("text").innerHTML =
20         suche.responseText;
21         }
22     }
23   }
24   </script>
25   </head>
26   <body>
27   <div id="text">Normaler HTML-
28   Text!</div>
29   <a href="JavaScript:ajaxtest()">
30   Ajax</a>
31   <a href="ajax1.html">Back</a>
32   </body>
33 </html>
```

ajax.1.html

- Im ersten Schritt wird ein neues `XMLHttpRequest`-Objekt erzeugt, da dieses für die asynchrone Kommunikation mit dem Webserver erforderlich ist (Zeile 8). Hierfür dient, wie in objektorientierten Sprachen üblich, der Konstruktor `new`. Das Objekt erhält im Beispiel den Namen `suche`.
- Die `if`-Verzweigung ab Zeile 9 wird ausgeführt, wenn die Anfrage einen Wert besitzt (`!=` steht für „nicht" und `null` für „ohne Wert").
- Die Methode `open` stellt die Verbindung zum Server her und benötigt hierfür drei Angaben:
  `GET` gibt die Art der Datenübertragung an (im Unterschied zu POST, wie auf Seite 58 beschrieben).
  Der zweite Parameter gibt die Zieldatei an, in unserem Beispiel eine einfache HTML5-Datei namens *datei.html*. Die Angabe `true` bewirkt die asynchrone Datenübertragung (`false` wäre eine synchrone Übertragung).
- Die Methode `onreadystatechange`

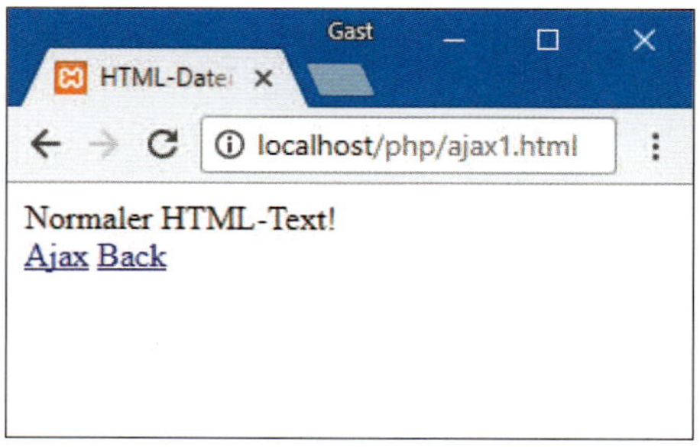

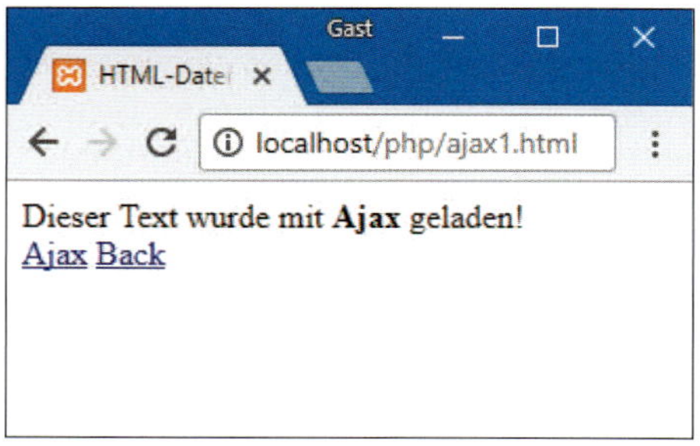

in Zeile 12 überwacht den Status der Anfrage, wobei bei jedem Aufruf die Funktion `ausgabe` aufgerufen wird.

- Die Methode `send` schickt die Anfrage ohne weitere Parameter (`null`) ab (Zeile 14).
- Die Funktion `ausgabe()` ab Zeile 16 enthält eine `if`-Verzweigung, in der die Eigenschaft `readyState` geprüft wird. `readyState` kann folgende Werte annehmen:
  0: nicht initialisiert
  1: wird geladen
  2: fertig geladen
  3: wartet
  4: vollständig
  Die Bedingung ist also immer dann erfüllt, wenn Zustand 4 erreicht ist.
- Bei erfüllter Bedingung, Daten vollständig geladen, bewirkt die Eigenschaft `responseText`, dass das Ergebnis der Anfrage als Text zurückgeliefert wird. Der Text wird durch `innerHTML` als HTML-Text interpretiert (HTML-Tags werden entfernt) und durch `getElementById("text")` in das <div>-Element (Zeile 27) eingefügt.
- Im <body> befinden sich lediglich eine Textzeile sowie zwei Links. Der erste Link ruft den JavaScript-Code auf, der den Austausch des Textes bewirkt. Der zweite Link lädt die Datei neu und bewirkt hierdurch das Anzeigen des ursprünglichen Texts.

Making of ...

1 In diesem Buch verwenden wir einen Apache-Webserver, der mit dem Softwarepaket XAMPP installiert wird. Die Installation finden Sie auf Seite 7. Die Inbetriebnahme des Webservers und das Anlegen eines PHP-Projektes mit *NetBeans* ist auf Seite 12 beschrieben.

2 Erstellen Sie eine HTML5-Datei und speichern Sie diese mit dem Namen *ajax1.html* in Ihrem PHP-Verzeichnis ab. Geben Sie den Quellcode von Seite 45 ein.

3 Erstellen Sie eine zweite HTML5-Datei und speichern Sie sie im selben Verzeichnis unter dem Namen *datei.html* ab. Die Datei erhält nur den auszutauschenden Text (hier: „Dieser Text wurde mit Ajax geladen!").

4 Starten Sie den Apache-Server und testen Sie die Datei *ajax1.html*. Nach Anklicken des Buttons *Ajax* müsste der Text aus *datei.html* geladen werden. Durch Anklicken des Buttons *Back* kehren Sie zur ursprünglichen Datei zurück. Dies ist zwar nicht spektakulär, aber mit Ajax realisiert!

Beispiel 2: Autovervollständigung
Im zweiten Beispiel realisieren wir eine typische Ajax-Anwendung: In einem Suchfeld genügt bereits die Eingabe eines Buchstabens, um aus einer Textdatei Lösungsvorschläge zu liefern. Je mehr Buchstaben eingegeben werden, umso stärker wird die Suche eingegrenzt – ein „Senden"-Button ist nicht erforderlich.

Wenn Sie bereits Beispiel 1 umgesetzt haben, werden Sie sehen, dass der Quellcode erfreulicherweise mit diesem fast übereinstimmt. Aus diesem Grund gehen wir nur auf die wenigen Unterschiede ein:

ajax2.html

- Das Eintippen von Buchstaben wird mit dem Event-Handler `onkeyup` erfasst (Zeile 30). Es folgt der Aufruf der Funktion `ajaxtest`, wobei der eingegebene Buchstabe über `this.value` an die Funktion übergeben wird. In der Funktion heißt der Parameter `zeichen`.
- Das `XMLHttpRequest`-Objekt `suche` ruft in Zeile 10 die PHP-Datei *glossar.php* auf. An den Dateinamen wird, wie bei der Methode `GET` üblich, der Parameter `zeichen` angehängt. Wird beispielsweise „P" eingetippt, dann lautet die Anfrage: `glossar.php?q="P"`.

glossar.php

- Der übergebene Wert, z. B. ein „P", wird in Zeile 2 in die Variable `$suche` eingetragen.
- Die `if`-Verzweigung in Zeile 3 wird nur ausgeführt, wenn `$suche` einen Wert hat.
- Die etwas komplizierten Zeilen 4 bis 7 dienen zur Umwandlung eines eingegebenen Klein- in einen Großbuchstaben. Das Skript funktioniert

Beispiel 2: Autovervollständigung

ajax2.html

```
1  <!DOCTYPE HTML>
2  <html>
3    <head>
4    <title>HTML-Datei laden</title>
5    <meta charset="UTF-8">
6    <script>
7    function ajaxtest(zeichen) {
8      var suche = new XMLHttpRequest();
9      if (suche != null) {
10       suche.open("GET", "glossar.
11       php?q=" + zeichen, true);
12       suche.onreadystatechange =
13       ausgabe;
14       suche.send(null);
15       }
16     function ausgabe() {
17     if (suche.readyState == 4) {
18       document.getElementById
19       ("text").innerHTML = suche.
20       responseText;
21       }
22     }
23   }
24   </script>
25   </head>
26     <body>
27     <h3>Kleines Tierlexikon</h3>
28     <form>
29     Ihre Wahl: <input type="text"
30     onkeyup="ajaxtest(this.value)"/>
31     </form>
32     <div id="text"></div>
33     </body>
34 </html>
```

glossar.php

```
1  <?php
2  $suche = $_GET["q"];
3  if ($suche != "") {
4    $ersterBuchstabe = strtoupper
5    (substr($suche,0,1));
6    $suche = $ersterBuchstabe.substr
7    ($suche,1,strlen($suche)-1);
8    echo $suche;
9    $datei = fopen("tiere.txt", "r");
10   while (!feof($datei)) {
11     $zeile = fgets($datei,100);
12     if ($suche == substr($zeile,0,
13     strlen($suche)))
14     echo "<p>$zeile</p>";
15     }
16     fclose($datei);
17   }
18 ?>
```

auch ohne diese Umwandlung, allerdings müssen dann Großbuchstaben eingegeben oder die Tiernamen in der Textdatei klein geschrieben werden.

- Die Textdatei *tiere.txt* wird in Zeile 9 zum Lesen geöffnet.
- In einer `while`-Schleife wird die Datei Zeile für Zeile ausgelesen. Die `if`-Verzweigung vergleicht den Wert von `$suche` mit einem Teilstring der jeweiligen Zeile in der Datei. Dabei gibt 0 die Position (Zeilenanfang) und `strlen` die Länge des Teilstring an. Beispiele: Wird ein „A“ übergeben, ist `strlen` 1, so dass verglichen wird, ob der erste Buchstabe der Zeile ein „P“ ist. Wenn ja, wird die Zeile ausgegeben. Wird stattdessen „Pf“ übergeben, dann ist `strlen` 2 und es wird in diesem Fall nach Zeilen gesucht, die mit „Pf“ beginnen. Auf diese Weise gelingt es, immer nur die Zeilen auszugeben, die zur Suchanfrage passen. Die Aktualisierung erfolgt asynchron, ohne dass der Nutzer einen Button betätigen oder warten muss.

Making of ...

1 Beginnen Sie mit einer Textdatei *tiere.txt*, in der Sie zeilenweise einige Tiere aufzählen. Beachten Sie, dass Umlaute maskiert werden müssen, z. B. ä statt „ä“.

2 Erstellen Sie mit *NetBeans* die HTML5-Datei *ajax2.html*.

3 Erstellen Sie mit *NetBeans* die PHP-Datei *glossar.php*.

4 Starten Sie den Apache-Server und testen Sie die Datei *ajax2.html*. Nach Eingabe eines Buchstabens müsste, falls es in der Datei *tiere.txt* einen Eintrag mit diesem Buchstaben gibt, die Zeile gelesen werden. Die Eingabe weiterer Buchstaben schränkt die Ergebnisse entsprechend weiter ein. Wenn alles klappt: Glückwunsch zur Lösung dieser anspruchsvollen Aufgabe!

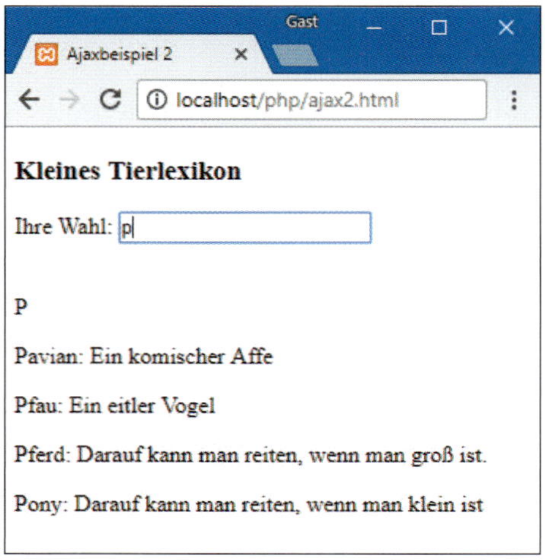

2.6 Ausblick

In diesem Kapitel haben Sie einen Einblick erhalten, was mit JavaScript bzw. Ajax möglich ist. Wenn Sie die Übungen durchgeführt haben, sind Sie mit den Grundlagen der JavaScript-Programmierung vertraut. Wie können Sie jetzt weitermachen?

2.6.1 Dokumentationen

Um eigene Programme entwickeln zu können, benötigen Sie eine JavaScript-Dokumentation, die Sie im Internet zahlreich finden. Zwei empfehlenswerte Beispiele hierfür stellen wir kurz vor:

DevDocs.io
Bei DevDocs (devdocs.io) handelt es sich um eine sehr umfangreiche Dokumentation aller möglichen Webtechnologien. Sie finden hier neben JavaScript auch HTML, CSS, PHP sowie viele Frameworks (siehe nächster Abschnitt).

Zahlreiche Funktionen, z. B. *Document* und *Window*, finden Sie allerdings nicht unter JavaScript **A**, sondern unter DOM **B**. Der Grund hierfür ist, dass sich die Browserhersteller ursprünglich auf keinen einheitlichen Sprachstandard einigen konnten und neben JavaScript auch Varianten wie JScript oder DHTML existierten. Diesem „Wildwuchs" machte die Internetdachorganisation W3C ein Ende und veröffentlichte mit DOM (Document Object Model) einen einheitlichen Standard für dynamische Veränderungen von HTML- oder XML-Dokumenten. Bei DOM handelt es sich sozusagen um den Überbau von JavaScript. Der Screenshot zeigt die Dokumentation zu `document.write()` **C**, die Sie unter *DOM > Documents* finden. Vor allem die Beispiele **D** sind eine gute Hilfe, um eine bestimmte Funktion zu verstehen.

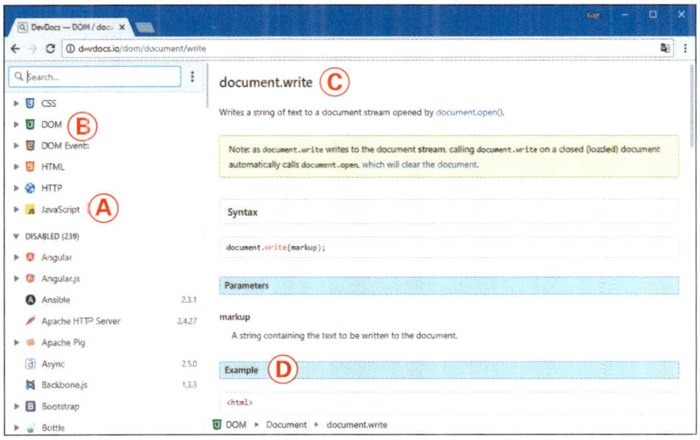

DevDocs.io
Riesige Sammlung an Dokumentationen für Skript- und Programmiersprachen sowie für viele Frameworks

W3Schools
Auch W3Schools (w3schools.com) dokumentiert neben JavaScript zahlreiche andere Webtechnologien wie HTML, CSS, PHP und – wie im letzten Abschnitt erklärt – DOM. Die Dokumentation zu `document.write()` finden Sie hier unter *JavaScript > JS References > HTML DOM Objects*.

Das Besondere an W3Schools ist, dass Sie nicht nur Erklärungen, sondern interaktive Beispiele und Übungen erhalten, die Sie online durchführen können **E**.

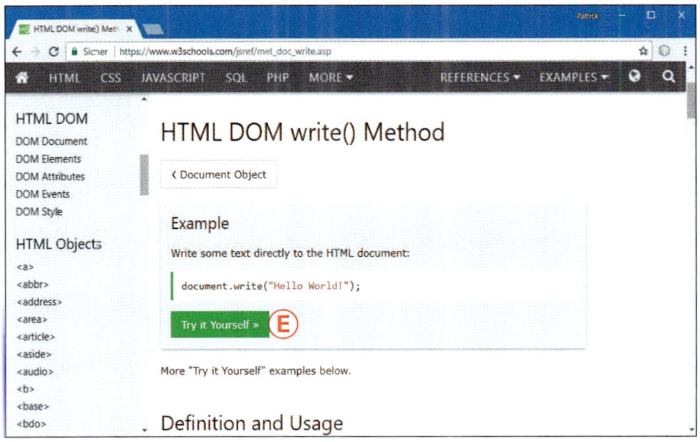

W3Schools
Sehr gute Dokumentation für alle möglichen Webtechnologien mit direkter Übungsmöglichkeit

jQuery
Bei jQuery handelt es sich um ein sogenanntes Framework, das zur Erleichterung der JavaScript-Programmierung gedacht ist.

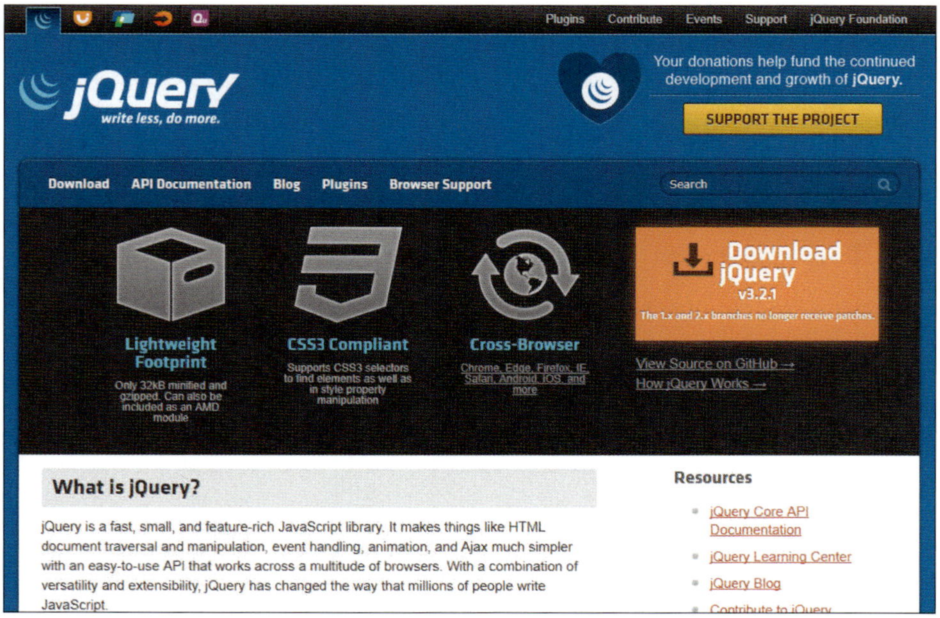

2.6.2 Frameworks

Wenn Sie umfangreichere Projekte realisieren wollen, dann werden Sie über kurz oder lang auf Frameworks stoßen. Bei einem Framework handelt es sich ganz allgemein um ein Programmiergerüst (frame, dt.: Rahmen) zur Unterstützung, Erleichterung oder Erweiterung der ursprünglichen Sprache. Hierzu wird es über JavaScript im Dateikopf der HTML5-Datei eingebunden.

Wenn Sie im Browser die Stichworte *JavaScript* und *Framework* eingeben, werden Sie auf eine große Auswahl an Frameworks stoßen, die sich hinsichtlich Einsatzzweck und Umfang unterscheiden. Bekannte und weitverbreitete Frameworks für JavaScript sind:

- jQuery
- Bootstrap
- AngularJS

Alle drei Frameworks sind sowohl bei *DevDocs.io* als auch bei *W3Schools* ausführlich dokumentiert.

2.7 Aufgaben

1 Die Funktion von JavaScript kennen

a. Erklären Sie die Aussage: JavaScript ist eine clientseitige Sprache.

b. Nennen Sie zwei Anwendungsbeispiele für JavaScript.

1.

2.

c. Erklären Sie, weshalb die Grundfunktionen einer Website auch ohne JavaScript funktionieren sollten.

2 JavaScript einbinden

Nennen Sie zwei Möglichkeiten, um JavaScript in den HTML-Quellcode einzubinden.

1.

2.

3 Variable verwenden

Gegeben ist folgender JavaScript-Code:

```
<script>
  var a = 20;
  var b = 5;
  var erg = a ? b;
  document.write(erg);
</script>
```

Ergänzen Sie in Zeile 4 den Operator, so dass Zeile 5 folgende Ergebnisse liefert:

25:

100:

false:

true:

4 Benutzereingaben auswerten

Erweitern Sie den JavaScript-Code auf Seite 22 zur Berechnung des Body-Mass-Index (BMI) nach der Formel BMI = Gewicht / Größe^2. Der Nutzer soll seine Körpergröße in cm und sein Körpergewicht in kg mit Hilfe von Eingabefenstern eingeben können.

var gr =

var gew =

berechneBmi(gew, gr);

5 Neue Fenster erzeugen

Gegeben ist folgender HTML-Link:

```
<a href="#" target="fenster"
onclick="...">Neues Fenster</a>
```

Ergänzen Sie den JavaScript-Code, so dass sich bei Anklicken des Links ein Fenster mit folgenden Eigenschaften öffnet:

- Breite: 400 px

- Höhe: 300 px
- Oberer Abstand: 100 px
- Linker Abstand: 200 px

onclick = "

"

Hinweis: Statt eines leeren Links (#) können Sie auch ein Bild anzeigen, z. B. `href="mein_hund.jpg"`.

6 E-Mail-Link verschleiern

Gegeben ist folgender JavaScript-Code:

```
<script>
  var vn = "gustav";
  var nn = "gans";
  var wer = "web";
  var wo = "de";
  document.write("Schreiben Sie
  uns: ");
  document.write(
  "<a href=mailto:"
  + vn + "_" + nn + "@" + wer
  + "." + wo + ">" + vn +
  "_" + nn + "@" + wer + "."
  + wo);
</script>
```

a. Notieren Sie die Bildschirmausgabe:

b. Welchen Vorteil bietet die obige Schreibweise der E-Mail-Adresse?

7 Formulare erstellen und überprüfen

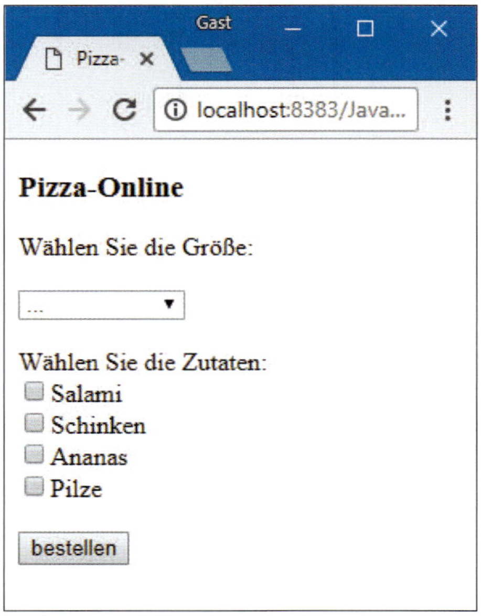

a. Erstellen Sie das Formular in einer HTML5-Datei. Sehen Sie folgende Pizza-Größen vor:
   - Mini (15 cm)
   - Maxi (30 cm)
   - Party (45 cm)

b. Schreiben Sie eine JavaScript-Funktion `check()`, die eine Fehlermeldung ausgibt, wenn keine Größe und/oder keine Zutaten ausgewählt werden.

8 Formulare erstellen und überprüfen

a. Realisieren Sie das rechts oben dargestellte Formular in einer HTML5-Datei.
b. Ergänzen Sie eine JavaScript-Funktion, das den durchschnittlichen Benzinverbrauch auf 100 km berechnet und das Ergebnis in einem Fenster anzeigt.

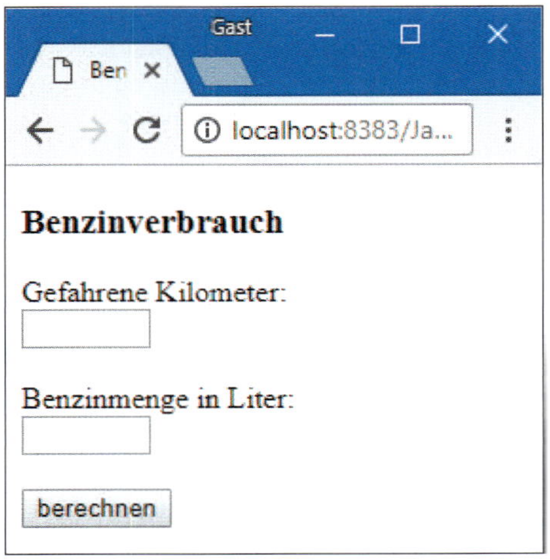

(Hinweis: Der durchschnittliche Benzinverbrauch errechnet sich nach der Formel: Benzinverbrauch · 100 / Kilometer.)

9 Einsatz von Ajax verstehen

a. Erklären Sie den wesentlichen Vorteil von Ajax im Vergleich zu einer „klassischen" dynamischen Serveranfrage.

b. Nennen Sie zwei Anwendungsbeispiele für Ajax.

1.

2.

10 Framework kennen

Erklären Sie die Aufgabe eines Frameworks.

3.1 Einführung

3.1.1 Was ist PHP?

PHP – die Abkürzung kommt ursprünglich von *Personal Home Page* – wurde bereits 1995 entwickelt und liegt derzeit (Stand: 2018) in der Version 7.1 vor. PHP ist kostenlos verfügbar und wird auch von den meisten Webhostern zur freien Nutzung angeboten.

Bei PHP handelt es sich im Unterschied zu JavaScript um eine *serverseitige* Skriptsprache. Dies bedeutet, dass Sie einen Webserver benötigen, um Ihre PHP-Programme testen zu können. Eine hervorragende und kostenfreie lokale Testumgebung mit einem (Apache-) Webserver ist *XAMPP*. Auf Seite 7 finden Sie die Beschreibung, wie XAMPP installiert und gestartet wird. Die Ausführung eines PHP-Programms auf dem Webserver läuft folgendermaßen ab:

1. Der Nutzer macht Eingaben (hier: Auswahl der Zahlungsart) und bestätigt diese **A**.
2. Die Auswahl wird durch HTTP an den Webserver übertragen **B**.
3. Der Webserver ruft ein PHP-Skript auf (hier: *zahlung.php*). Die Ausführung des Programms erfolgt durch einen sogenannten PHP-Interpreter **C**.
4. Das PHP-Programm sorgt dafür, dass die Angaben des Nutzers (hier: Zahlung mit einer Kreditkarte) in eine Datenbank eingetragen werden. Außerdem erzeugt das Programm den HTML-Code, der an den Nutzer gesendet werden soll **D**.
5. Der durch PHP generierte HTML-Code wird durch HTTP an den Webbrowser des Nutzers übertragen **E**.
6. Der Webbrowser zeigt die gelieferte HTML-Seite **F** an.

Der beschriebene Ablauf wird als *dynamischer* Zugriff auf einen Webserver bezeichnet. Im Unterschied zu statischen Zugriffen werden hierbei keine fertigen HTML-Dateien aufgerufen, sondern Programme, die den HTML-Code erzeugen und zurückliefern.

Wie eine derartige dynamische Webseite mit PHP programmiert wird, lernen Sie in diesem Kapitel.

Prinzipieller Ablauf eines dynamischen Zugriffs auf einen Webserver

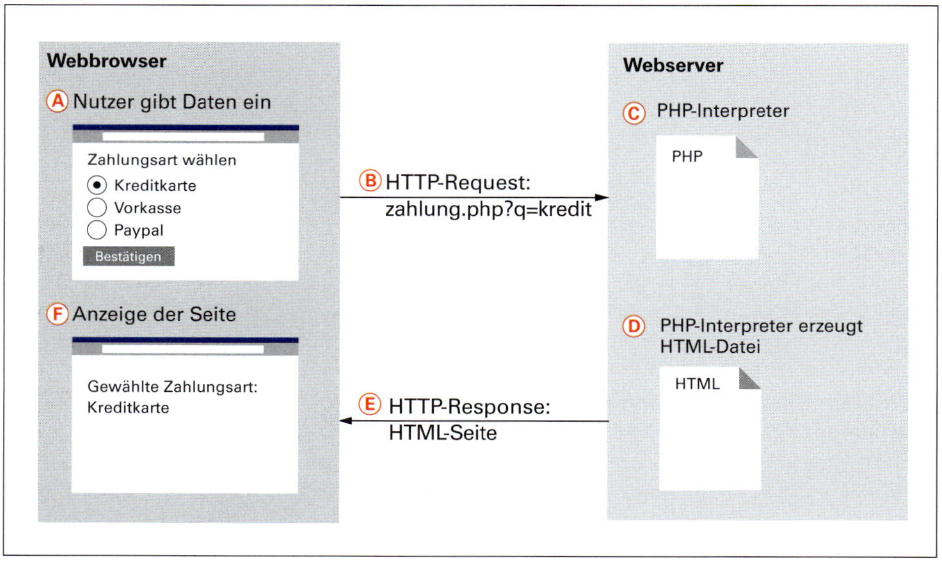

P. Bühler, P. Schlaich, D. Sinner, *Webtechnologien*, Bibliothek der Mediengestaltung,
https://doi.org/10.1007/978-3-662-54730-4_3

3.1.2 PHP verwenden

Grundsätzlich haben Sie zwei Möglichkeiten, PHP zu verwenden:

- an der gewünschten Stelle im Dateikörper <body> der HTML5-Datei oder
- in einer externen PHP-Datei.

PHP in der HTML5-Datei

PHP können Sie an beliebiger Stelle im <body> einer HTML5-Datei notieren.

PHP in einer HTML5-Datei

Beispiel

```
1  <!DOCTYPE HTML>
2  <html>
3  <head>
4   <title>Mein PHP</title>
5   <meta charset="UTF-8">
6  </head>
7  <body>
8   <?php
9      echo "Hallo Welt! Dies ist
10     mein erstes PHP-Programm.";
11  ?>
12 </body>
13 </html>
```

Making of …

1 Falls Sie XAMPP noch nicht installiert haben, informieren Sie sich bitte darüber auf Seite 7.

2 Starten Sie den Apache-Server **A**.

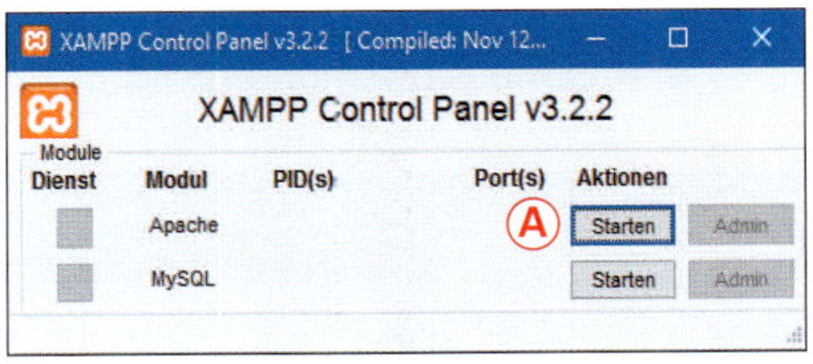

3 Zur PHP-Programmierung nutzen wir die Entwicklungsumgebung *NetBeans*. Die Installation von *NetBeans* ist auf Seite 4 beschrieben.

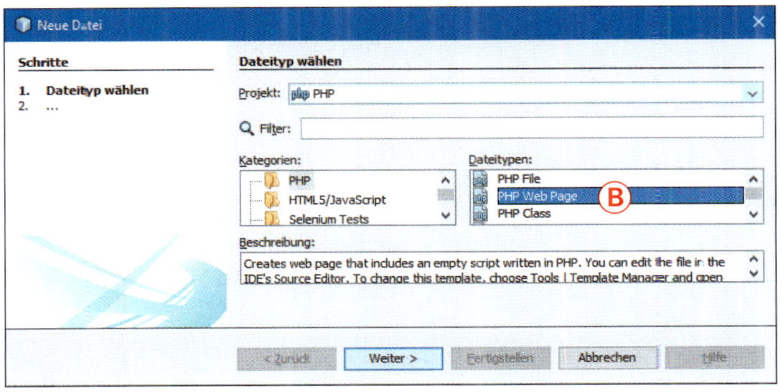

4 Starten Sie *NetBeans*. Falls Sie die PHP-Grundlagen schon bearbeitet haben (Seite 12), öffnen Sie Ihr PHP-Projekt. Fahren Sie bei Schritt 7 fort.

5 Wählen Sie im Menü *Datei > Neues Projekt*, im sich öffnenden Fenster die Kategorie *PHP* und als Projekt *PHP-Application* aus.

6 Geben Sie dem Projekt einen Namen. Wichtig: Speichern Sie den Projektordner auf dem Webserver im Verzeichnis *XAMPP\htdocs* ab.

7 Erstellen Sie im Menü *Datei > Neue Datei…* eine Datei vom Typ *PHP Web Page* **B**. Geben Sie der Datei einen Namen, z. B. *hallo_welt.php*.

8 Ergänzen Sie das kurze PHP-Skript (siehe Zeilen 8 bis 11 in der Tabelle).

9 Wählen Sie im Menü *Ausführen > Datei ausführen*. Die Anzeige müsste folgendermaßen aussehen:

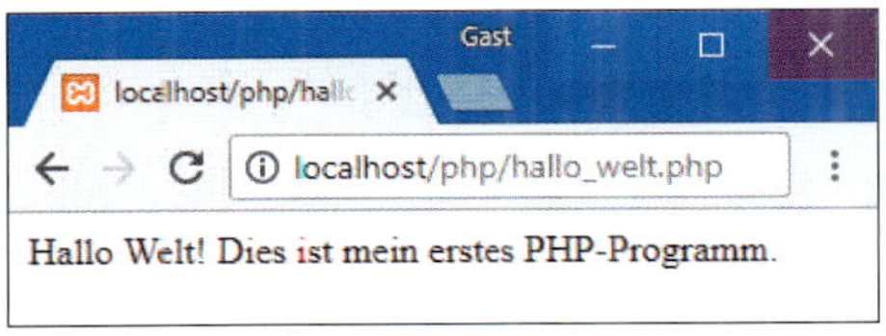

PHP in externer Datei
Wenn Sie ein PHP-Skript mehrfach benötigen, empfiehlt es sich, das Skript als eigene PHP-Datei abzuspeichern. Der Aufruf der externen PHP-Datei erfolgt mit Hilfe des `include`-Befehls. Beachten Sie, dass sowohl das externe PHP-Skript als auch die aufrufende Datei die Endung `.php` erhalten müssen.

PHP in einer externen Datei

Beispiel

```
1  <!DOCTYPE HTML>
2  <html>
3  <head>
4   <title>Mein PHP</title>
5   <meta charset="UTF-8">
6  </head>
7  <body>
8   <?php
9     include ("extern.php");
10  ?>
11 </body>
12 </html>
```

Making of …

1 Erstellen Sie eine neue Datei vom Typ *PHP File. S*peichern Sie sie unter *extern.php* ab.

2 Geben Sie in der Datei mit dem `echo`-Befehl eine Textausgabe ein.

3 Erstellen Sie eine zweite Datei vom Typ *PHP Web Page*. Ergänzen Sie den `include`-Befehl (siehe Zeile 9).

4 Testen Sie die Datei im Menü *Ausführen > Datei ausführen* im Browser. Es müsste der Text der Datei *extern.php* angezeigt werden.

3.1.3 HTML5 und CSS3

Die Gestaltung und Formatierung von PHP-Webseiten erfolgt mit HTML5 und CSS3. Sämtliche Tags dürfen im `echo`-Befehls verwendet werden. Dies gilt auch für Text, der in einer Variablen gespeichert ist (siehe Zeile 13 unten). Nähere Infos zur Seitenformatierung mit HTML5 und CSS3 finden Sie im Band *HTML5 und CSS3* dieser Buchreihe.

PHP mit HTML5 und CSS3 formatieren

Beispiel

```
1  <!DOCTYPE HTML>
2  <html>
3  <head>
4   <title>Mein PHP</title>
5   <meta charset="UTF-8">
6   <style>
7     h2 {font-size: 1.5em;}
8     p  {font-size: 0.8em;}
9   </style>
10 </head>
11 <body>
12  <?php
13   $text="cooles";
14   echo "<h2>Hallo Welt!</h2>
15   <p>Dies ist mein <span
16   style='color:red'>$text
17   </span> PHP-Skript.
18   </p>";
19  ?>
20 </body>
21 </html>
```

Making of …

1 Erstellen Sie eine neue Datei vom Typ *PHP Web Page*.

2 Programmieren Sie eine Textausgabe (`echo`-Befehl). Formatieren Sie den Text mit HTML5 und CSS3.

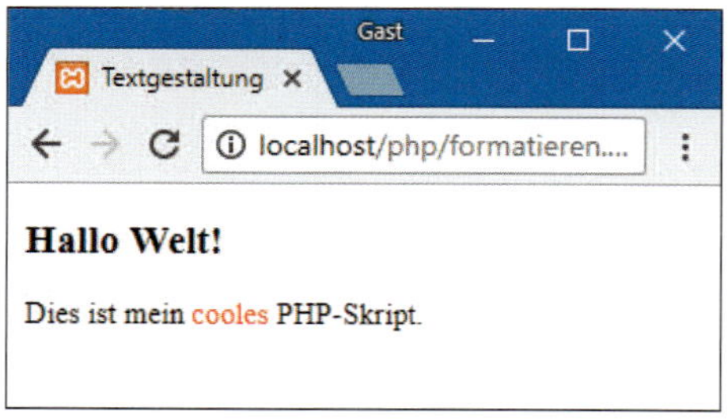

3.2 Formularauswertung

3.2.1 HTML5-Formular

Formulare sind die wichtigsten Elemente interaktiver und dynamischer Seiten. Mit ihrer Hilfe werden Informationen des Benutzers an den Webserver übertragen. Dort können sie per PHP-Skript ausgewertet und gespeichert werden. Anwendungsbeispiele sind:

- Anfragen in Suchmaschinen
- Übertragen von Benutzerdaten
- Bestellen von Waren im Webshop
- Benutzerführung über Menüs

Während die Elemente eines Formulars in HTML5 geschrieben, mit CSS3 formatiert und z. B. mit JavaScript auf Vollständigkeit überprüft werden (siehe Seite 38), dient PHP zur serverseitigen Auswertung der Formulardaten.

Der Screenshot zeigt ein HTML5-Formular mit allen typischen Formularelementen. Den zugehörigen HTML5-Code des Formulars finden Sie in der Tabelle unten. (Auf die Formatierung des Formulars mit CSS3 gehen wir an dieser Stelle nicht ein.)

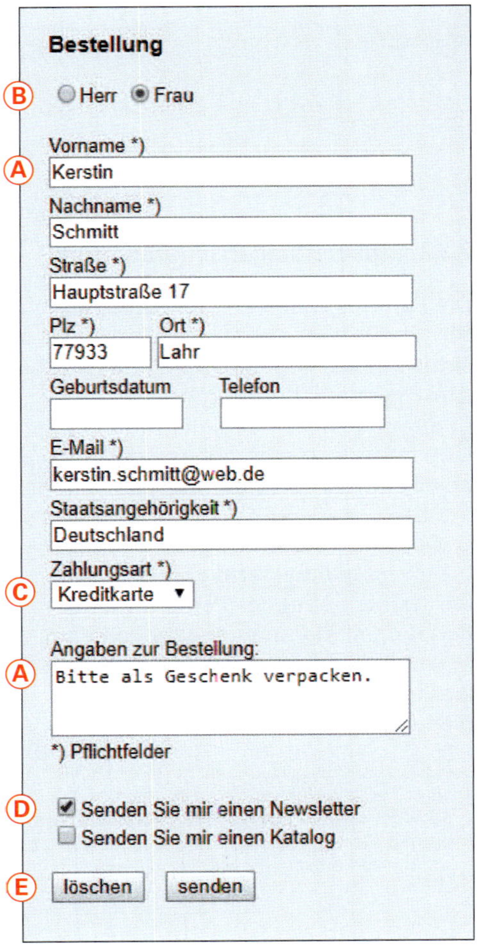

Formular (HTML5)

Beispiel

```
<form name="bestellung"
 action="auswertung.php"
 method="get">
 <div><input type="radio"
 name="anrede" value="Herr"
 checked>Herr
 <input type="radio" name="anrede"
 value="Frau" >Frau</div>
 <div>Vorname *)<br>
 <input type="text" name="vname"
 size="30"></div>

 <!-- weitere Textfelder-->

 <div>Zahlungsart *)<br>
 <select name="zahlung" size="1">
   <option>Kreditkarte</option>
   <option>Nachnahme</option>
   <option>Rechnung</option>
 </select></div>
 <div>Angaben zur Bestellung:<br>
 <textarea name="notizen"
  cols="31" rows="3">
 </textarea>
 <div>*) Pflichtfelder</div>
 <input type="checkbox"
 name="newsletter"value=
 "Newsletter" checked="checked">
 Senden Sie mir einen Newsletter<br>
 <input type="checkbox"
 name="katalog" value=
 "Katalog">Senden Sie mir einen
 Katalog<br>
 <input type="reset" value=
 "löschen">
 <input type="submit" name="los"
 value="senden">
</form>
```

Formular

Die typischen Komponenten eines HTML5-Formulars sind:

A Textfelder
B Radiobuttons
C Auswahllisten
D Checkboxen
E Löschen- bzw. Senden-Button

Making of …

1 Starten Sie den Apache-Server.

2 Starten Sie *NetBeans* und öffnen Sie Ihr PHP-Projekt.

3 Erstellen Sie eine neue Datei der Kategorie *HTML5/JavaScript* vom Typ *HTML-File*. Speichern Sie sie unter *formular.html* ab.

4 Erstellen Sie ein ähnliches Formular wie auf der vorherigen Seite.

5 Testen Sie die Datei im Menü *Ausführen > Datei ausführen* im Browser.

3.2.2 Datenübertragung

Zur Weiterleitung der eingegebenen Formulardaten an den Server gibt es zwei Möglichkeiten:

Methode `get`
Bei `get` werden die Formulardaten an die aufgerufene Internetadresse (URL) mittels „?" angehängt **A**. Sie können diese also in der Adresszeile des Browsers sehen. Handelt es sich um mehrere Daten, werden diese mit dem &-Zeichen verbunden **B**. Die Datenmenge ist auf wenige Kilobyte begrenzt, was aber für Formulare ausreicht.

Methode `post`
Wer große Datenmengen übertragen muss oder verhindern will, dass die Daten sichtbar sind, kann auf die Methode `post` zurückgreifen. Hierbei werden die Daten durch das HTTP-Protokoll für den Nutzer unsichtbar übertragen.

Damit die Datenübertragung funktioniert, sind im Formularkopf folgende Angaben erforderlich:

- Angabe der aufzurufenden Datei mit Hilfe des `action`-Attributs (Zeile 2).
- Angabe der Übertragungsmethode `get` oder `post` (Zeile 3).

Datenübertragung an den Webserver

Methode `get`

```
1 <form name="bestellung"
2  action="auswertung.php"
3  method="get">
4 <!-- Hier das Formular -->
5 </form>
```

Methode `post`

```
1 <form name="bestellung"
2  action="auswertung.php"
3  method="post">
4 <!-- Hier das Formular -->
5 </form>
```

3.2.3 Auswertung in externer Datei

Die Formulardaten werden, ohne dass Sie hierfür etwas programmieren müssen, in einem sogenannten globalen Array (siehe Seite 19) zum Webserver übertragen. In Abhängigkeit von der Übertragungsmethode `get` oder `post` besitzt dieses Array den (festen) Namen `$_GET[…]` bzw. `$_POST[…]`.

Der serverseitige Zugriff auf einen bestimmten Inhalt erfolgt nun, indem der Name (`name`) des Formularfeldes in der eckigen Klammer angegeben wird. In den Zeilen 3 bis 13 im Listing rechts werden die Daten in „normale" Variablen übertragen.[1]

1 Über Formulare kann Schadcode eingeschleust werden. Das hier vorgestellte Skript enthält Sicherheitslücken und ist zum Einsatz im Internet nicht geeignet.

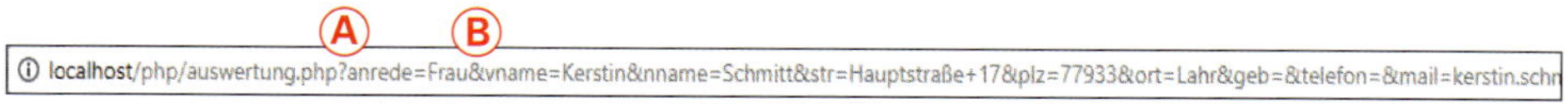

Auswertung (PHP)

Beispiel

```
<?php
  //Zugriff auf gobales Array
  $los = $_GET["los"];
  $anrede = $_GET["anrede"];
  $nname = $_GET["nname"];
  $vname = $_GET["vname"];
  $str = $_GET["str"];
  $plz = $_GET["plz"];
  $ort = $_GET["ort"];
  $mail = $_GET["mail"];
  $telefon = $_GET["telefon"];
  $zahlung = $_GET["zahlung"];
  $notizen = $_GET["notizen"];
  //Auswertung der Radiobuttons
  if ($anrede == "Herr")
    $an = "Sehr geehrter Herr ";
  else
    $an = "Sehr geehrte Frau ";
  //Auswertung der Textfelder
  echo "$an $nname,<br>wir bedanken
  uns für Ihre Bestellung. <br>
  Die Lieferanschrift lautet:<br>
  $vname $nname<br>
  $str<br>$plz $ort <br>
  Ihre E-Mail-Adresse lautet:<br>
  $mail <br><br>
  Gewünschte Zahlungsart:<br>
  $zahlung <br>
  Ihre Bemerkungen:<br>
  $notizen<br>";
  //Auswertung der Checkboxen
  if (isset($_GET["newsletter"]) ||
  isset($_GET["katalog"])) {
  echo "Sie erhalten zusätzlich:<br>";
  if (isset($_GET["newsletter"]))
  echo "- Newsletter <br>";
  if (isset($_GET["katalog"]))
  echo "- Katalog";
  }
?>
```

Textfeld A (Formular auf Seite 57)
Der Inhalt der Textfelder ist in Variablen gespeichert, z. B. `$nname`, `$vname`, und kann mit dem `echo`-Befehl auf dem Bildschirm ausgegeben werden. Wie Sie sehen, ist die Kombination von Variablen und normalem Text möglich.

Radiobuttons B
Wie Sie im Listing des Formulars (Zeilen 4 bis 8) auf Seite 57 sehen, besitzen beide Radiobuttons denselben Namen (`name`), aber unterschiedliche Werte (`value`). Zur Auswertung wird eine `if`-Anweisung verwendet, die den Wert der Variablen überprüft. Beim doppelten Gleichheitszeichen handelt es sich um den Vergleichsoperator (siehe Seite 10). Es wird in diesem Fall überprüft, ob der Wert der Variablen `$anrede` „Herr“ oder „Frau“ ist.

Auswahlliste (Menü) C
Der Zugriff auf die getroffene Auswahl eines Menüs (hier: `$zahlung`) erfolgt wie bei Textfeldern.

Checkbox D
Quadratische Checkboxen unterscheiden sich von den runden Radiobuttons dadurch, dass der Nutzer mehrere Optionen anklicken kann. Aus diesem Grund müssen Sie für jede Checkbox einen eigenen Namen vergeben (Zeilen 26 bis 33 im Listing auf Seite 57). Mit `isset()` (von „is set“, also: ist gesetzt) wird überprüft, ob überhaupt eine Checkbox angeklickt wurde. Der `||`-Operator steht für eine Oder-Verknüpfung (siehe Seite 10): Die Bedingung ist erfüllt, wenn mindestens eine Checkbox gewählt wurde.

Senden-Button E
Das Anklicken oder Antippen des Senden-Buttons bewirkt, dass die eingetragenen Nutzerdaten übertragen und die PHP-Datei (hier: *auswertung.php*) aufgerufen wird.

Versteckte Formularfelder
Versteckte Formularfelder vom Typ `hidden` sind für den Nutzer unsichtbar. Sie werden verwendet, um Informationen zu übertragen, die der Nutzer nicht aktiv in ein Formularfeld eingetragen hat, z. B. die Bestellnummer.

Making of ...

1 Erstellen Sie in *NetBeans* eine neue Datei der Kategorie *PHP* vom Typ *PHP Web Page.* Speichern Sie sie unter dem Namen *auswertung.php* ab.

2 Programmieren Sie die Auswertung des Formulars mit dem Ziel, die eingegebenen Formulardaten auf dem Bildschirm auszugeben. Orientieren Sie sich dabei am Listing auf der vorherigen Seite.

3 Testen Sie die Datei im Menü *Ausführen > Datei ausführen* im Browser. Geben Sie hierzu unterschiedliche Daten in Ihr Formular ein und prüfen Sie, ob der ausgegebene Text korrekt ist.

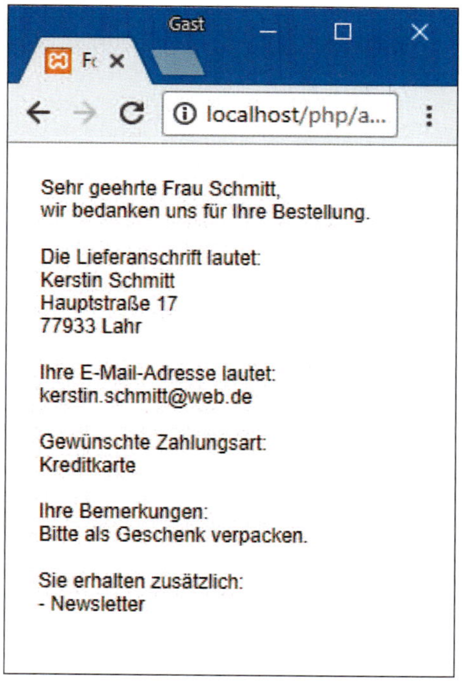

3.2.4 Direkte Auswertung

Manchmal ist es gewünscht, dass ein Formular sichtbar bleibt und die Auswertung direkt in dieser Datei erfolgt. In diesem Fall kann die `action`-Angabe entfallen. Das kleine Beispiel ermöglicht die Umrechnung von Inch in cm. Der `isset`-Befehl (Zeile 16) überprüft, ob eine Variable vorhanden ist. Dies ist genau dann der Fall, wenn auf den Button geklickt wurde.

Direkte Auswertung von Formulardaten

Beispiel

```
1  <!DOCTYPE HTML>
2  <html>
3   <head>
4   <title>Inch in cm</title>
5   <meta charset="UTF-8">
6  </head>
7  <body>
8   <h4>Umrechnung</h4>
9   <form method="post">
10  <input type="text" name="inch"
11  size="1"> Inch
12  <input type="submit" name="cm"
13  value="in cm">
14  </form>
15  <?php
16    if (isset($_GET["cm"])) {
17     $inch = $_GET["inch"];
18     $erg = $inch * 2.54;
19     echo "$inch Inch =  $erg cm";
20     }
21  ?>
22  </body>
23 </html>
```

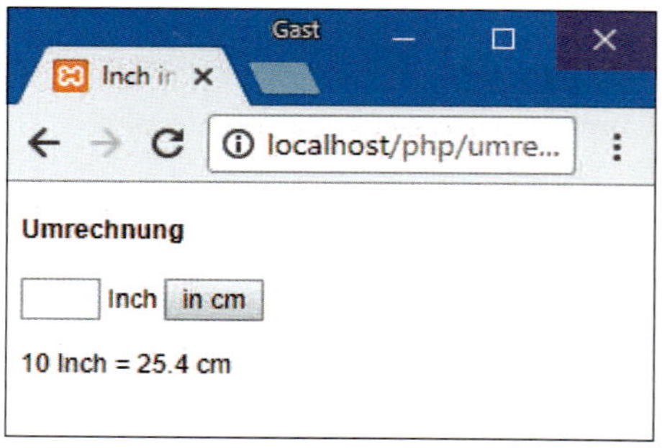

3.3 Dateizugriff

Um die Inhalte einer Webseite dynamisch verwalten zu können, ist nicht unbedingt eine Datenbank notwendig. In vielen Fällen genügt die Möglichkeit des Zugriffs auf Textdateien oder auf sogenannte CSV-Dateien. Mit ihrer Hilfe wird der Austausch oder die Aktualisierung der Inhalte einer Webseite realisierbar. Umgekehrt lassen sich Nutzerinformationen in Dateien abspeichern und verwalten, z. B. die Anzahl der Besucher einer Website oder Foren-Einträge.

3.3.1 Textdateien

Der Zugriff auf eine Datei (`file`) erfolgt nach folgendem Schema:

1. Prüfung, ob Datei vorhanden ist (`file_exists`).
2. Datei öffnen (`fopen`): Der Parameter `r` steht für lesen (read), `w` steht für überschreiben (write), `a` steht für anhängen (append).
3. Text lesen (`fgets`) oder Text schreiben (`fputs`).
4. Datei schließen (`fclose`).

Um eine Datei zu öffnen, den *kompletten* Inhalt zu lesen und die Datei zu schließen, gibt es die Kurzschreibweise `file_get_contents()`, die die Schritte 2 bis 4 zusammenfasst. Im Screenshot unten sehen Sie das Ergebnis: Im Text fehlen die Zeilenumbrüche und Umlaute. Um diese Fehler zu beheben, ergänzen Sie `nl2br()` für die Zeilenumbrüche und `utf8_encode()` für die Umlaute. Die korrekte Schreibweise sehen Sie in den Zeilen 11/12 des Beispiels. In den Zeilen 9/10 wird überprüft, ob die Datei existiert. Falls nicht (`!` steht für „nicht“), wird das Skript beendet.

Zugriff auf Textdateien

Datei vorhanden?

```
if (!file_exists(...)) exit ("Datei fehlt!");
```

Text lesen

Eine Zeile lesen:

```
$datei = fopen("name.txt","r");
echo fgets($datei);
fclose($datei);
```

Gesamten Inhalt lesen:

```
echo file_get_contents("textdatei.txt");
```

Text überschreiben

```
$datei = fopen("name.txt","w");
fputs($datei,"Neuer Text!");
fclose($datei);
```

Text anhängen

```
$datei = fopen("name.txt","a");
fputs($datei,"Text am Ende!");
fclose($datei);
```

Beispiel

```
1  <!DOCTYPE HTML>
2  <html>
3  <head>
4   <title>Dateizugriff</title>
5   <meta charset="UTF-8">
6  </head>
7  <body>
8   <?php
9   if (!file_exists("textdatei.txt"))
10  exit("Datei fehlt!");
11  echo utf8_encode(nl2br(file_get_
12  contents("textdatei.txt")));
13  ?>
14 </body>
15 </html>
```

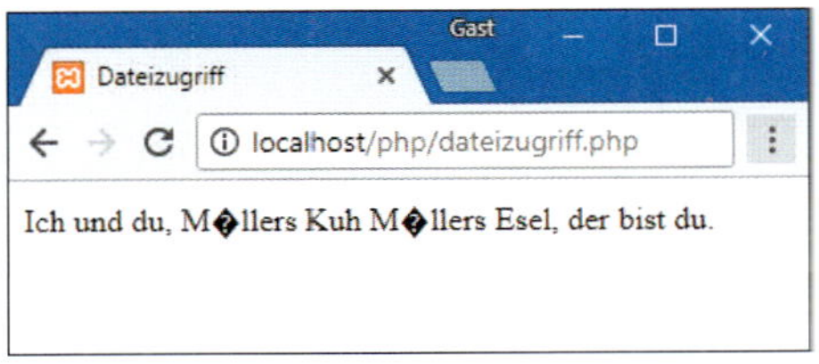

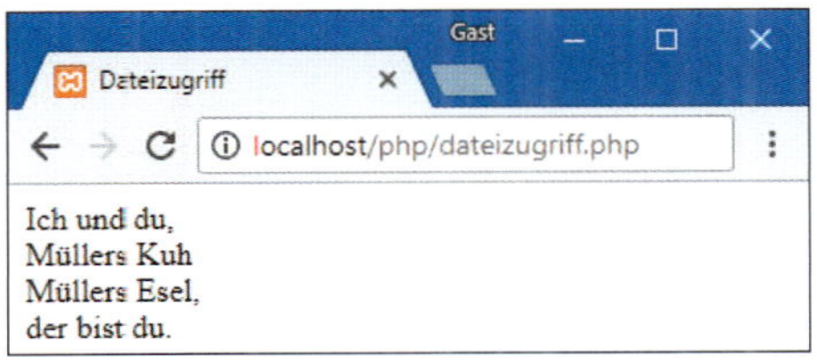

Making of ...

1. Erstellen Sie mit einem Texteditor eine Textdatei mit einigen Zeilen Inhalt. Wenn Sie Word verwenden, dann speichern Sie den Text als Textdatei (.txt) und nicht als Word-Datei (.docx) ab.

2. Erstellen Sie in *NetBeans* eine neue Datei der Kategorie *PHP* vom Typ *PHP Web Page.*

3. Erstellen Sie ein PHP-Skript, das den Dateiinhalt (mit Umlauten und Zeilenumbrüchen) ausgibt.

4. Erweitern Sie Ihr Skript, so dass eine weitere Textzeile in die Textdatei eingetragen wird.

3.3.2 CSV-Dateien

CSV-Dateien bilden das Bindeglied zwischen Textdateien und Datenbanken, in denen alle Daten in Tabellen gespeichert werden. CSV steht für *Comma Separated Values*, weil die Daten innerhalb einer Zeile durch ein bestimmtes Zeichen (Komma oder Strichpunkt) voneinander getrennt sind. CSV-Dateien können beispielsweise mit *Excel* oder *Calc* von LibreOffice erstellt werden. Die Datensätze lassen sich in PHP in ein Array (Feld) einlesen (siehe Seite 19).

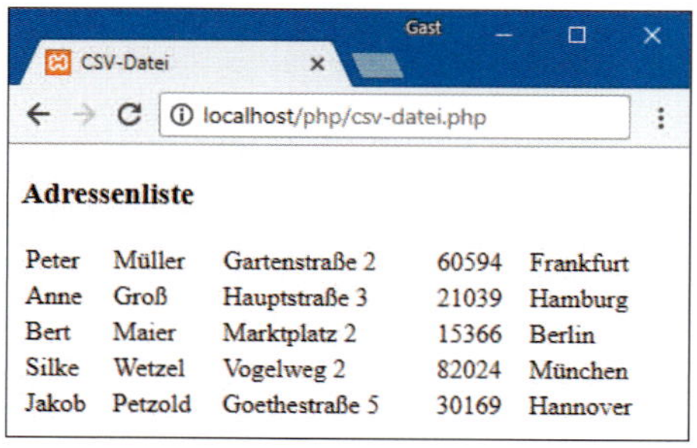

Zugriff auf CSV-Dateien

Datensatz (Zeile) lesen

```
$datei = fopen("adressen.csv",200,"r");
$anschrift = fgetcsv($datei,";");
echo $anschrift[0]; //1. Spalte
echo $anschrift[1]; //2. Spalte
...
fclose($datei);
```

Die Zahl 200 gibt die max. Anzahl an Zeichen an.

Beispiel

```
1  <!DOCTYPE HTML>
2  <html>
3  <head>
4   <title>CSV-Datei</title>
5   <meta charset="UTF-8">
6  </head>
7  <body>
8  <?php
9   $datei = fopen("adressen.csv","r");
10  echo "<h3>Adressenliste</h3>";
11  echo "<table>";
12  while (!feof($datei)){
13  $anschrift = fgetcsv($datei,200,";");
14  $vname = utf8_encode($anschrift[0]);
15  // weitere Spalten
16  echo "<tr><td>$vname</td>
17  <td>$nname</td><td>$str</td>
18  <td>$plz</td><td>$ort</td></tr>";
19  }
20  echo "</table>";
21  fclose($datei);
22 ?>
23 </body>
24 </html>
```

Making of ...

1. Erstellen Sie eine Adressdatei, z. B. in *Excel* oder *Calc*. Speichern Sie sie im Menü *Datei > Speichern unter* als CSV-Datei ab.

2. Öffnen Sie in *NetBeans* eine neue Datei vom Typ *PHP Web Page.* Erstellen Sie ein PHP-Skript, das den ersten Datensatz liest und als Tabelle ausgibt.

3. Ergänzen Sie eine `while`-Schleife (Zeile 12), um alle Datensätze bis zum Dateiende (`!feof` steht für „not end of file") auszulesen.

3.4 Textkorrekturen

Leider verhalten sich Nutzer beim Ausfüllen von Formularen nicht immer so, wie wir dies zur automatisierten Auswertung und Datenverarbeitung benötigen. So könnten beispielsweise

- Leerzeichen,
- Klein- statt Großbuchstaben,
- Umlaute,
- Rechtschreibfehler oder
- unvollständige Angaben

zu fehlerhaften Einträgen in der Datei oder Datenbank führen.

Natürlich können Sie mit PHP nicht sämtliche Fehler verhindern, insbesondere (absichtlich gemachte) falsche Angaben, aber Sie können die Daten auf Plausibilität überprüfen und gegebenenfalls Korrekturen vornehmen.

Bitte beachten Sie, dass wir Ihnen nur einen kleinen Einblick in die vielfältigen Möglichkeiten der Datenmanipulation bieten können.

3.4.1 Groß- und Kleinschreibung

Vornamen, Nachnamen, Straßen- und Ortsangaben werden großgeschrieben. Im SMS- und E-Mail-Zeitalter haben sich viele einen schlampigen Schreibstil angewöhnt, bei dem sie alles kleinschreiben. Mit Hilfe von PHP wollen wir erreichen, dass ein Name mit einem Großbuchstaben beginnt und danach Kleinbuchstaben folgen. Hierfür benötigen wir drei String-Funktionen:

- `strtolower` wandelt Groß- in Kleinbuchstaben um (siehe Zeile 11 im Beispiel rechts oben).
- `strtoupper` wandelt Klein- in Großbuchstaben um (Zeile 13).
- `substr` ermöglicht es, einem Text (String) an beliebiger Stelle einen Teiltext zu entnehmen. In diesem Fall benötigen wir den ersten Buchstaben eines Wortes. Die erste Zahl in der Klammer (0) gibt die Position des Zeichens an, wobei man wie üblich mit der Null zu zählen beginnt. Die zweite Zahl in der Klammer (1) gibt die Länge des Teilstrings an, in diesem Fall also genau ein Zeichen (Zeile 12). Um den in `$first` gespeicherten ersten Buchstaben wieder mit dem Rest des Wortes zu verbinden, müssen Sie diesen Rest mit `substr` ermitteln (Zeile 14). In diesem Fall beginnt der Teilstring mit dem zweiten Buchstaben. Da die zweite Angabe in der Klammer fehlt, werden alle restlichen Zeichen genommen.
- Durch Verschachtelung können Sie schreiben: `echo strtoupper(substr($vorname,0,1)).strtolower(substr($vorname,1));`

Groß- und Kleinschreibung

Beispiel

```
1  <!DOCTYPE html>
2  <html>
3  <head>
4   <title>Groß und klein</title>
5   <meta charset="UTF-8">
6  </head>
7  <body>
8  <?php
9   $vorname = "peteR";
10  echo "vorher: $vorname <br>";
11  $vorname = strtolower($vorname);
12  $first = substr($vorname,0,1);
13  $first = strtoupper($first);
14  $rest = substr($vorname,1);
15  $vorname = $first.$rest;
16  echo "nachher: $vorname";
17 ?>
18 </body>
19 </html>
```

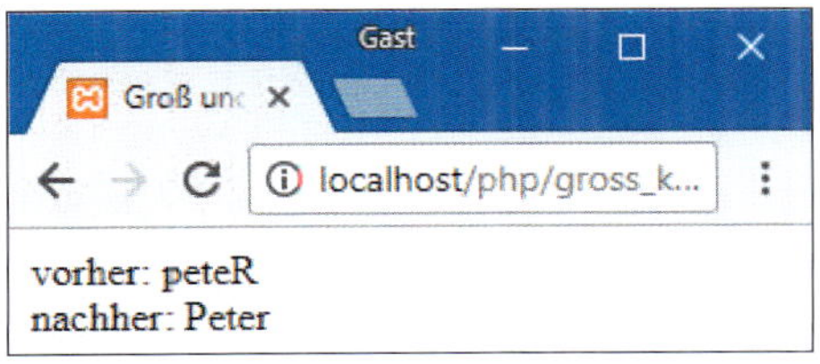

3.4.2 Leerzeichen

Sehr leicht kann es passieren, dass ein Nutzer in einem Formular unnötige Leerzeichen einfügt. Was für uns Menschen kein Problem darstellt, hätte bei einer automatisierten Auswertung zur Folge, dass der Begriff bei der alphabetischen Suche nicht mehr gefunden würde. Überflüssige Leerzeichen können mit Hilfe eines `trim`-Befehls entfernt werden.

Leerzeichen

Beispiel

```
<!DOCTYPE html>
<html>
<head>
 <title>Leerzeichen</title>
 <meta charset="UTF-8">
</head>
<body>
<?php
 $vorname = "   Heike ";
 echo trim($vorname);
?>
</body>
</html>
```

3.4.3 Sonderzeichen

Zu den Sonderzeichen gehören landesspezifische Zeichen wie ä, ö, ü und Zeichen, die für HTML5 reserviert, z. B. < und >. Sollen diese Zeichen im Browser angezeigt werden, müssen zwei Maßnahmen getroffen werden:

- Angabe des Zeichensatzes UTF-8 (siehe Zeile 5 im Beispiel).
- Umwandlung der Sonderzeichen in in die HTML5-konforme Schreibweise mit Hilfe des Befehls `htmlentities` (Zeile 11).

Der umgekehrte Fall tritt ein, wenn HTML5-konforme Sonderzeichen in eine Datei oder Datenbank eingetragen werden sollen. Hier sind codierte Zeichen unerwünscht und müssen deshalb vor dem Eintrag mit der Funktion `html_entity_decode` wieder entfernt werden.

Sonderzeichen

Beispiel

```
1  <!DOCTYPE html>
2  <html>
3   <head>
4   <title>Sonderzeichen</title>
5   <meta charset="UTF-8">
6  </head>
7  <body>
8  <?php
9   $nachname = "<b>Müller</b>";
10  echo "Mit Sonderzeichen: ";
11  echo htmlentities($nachname);
12  echo "<br>";
13  echo "Ohne Sonderzeichen: ";
14  echo html_entity_decode($nachname);
15 ?>
16 </body>
17 </html>
```

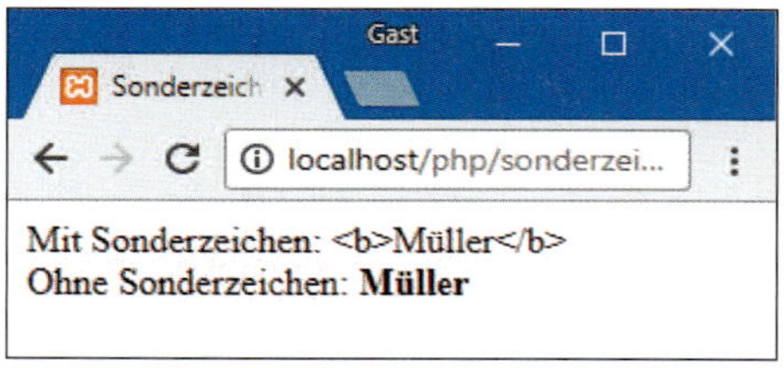

Das Beispiel zeigt, dass der Umlaut (ü) auch in der zweiten Zeile korrekt angezeigt wird. Dies hat den Grund, dass alle aktuellen Browser im deutschsprachigen Raum Umlaute korrekt interpretieren und anzeigen. Im Ausland wäre dies nicht der Fall.

Making of ...

1 Öffnen Sie in *NetBeans* eine neue Datei vom Typ *PHP Web Page.*

2 Testen Sie die beschriebenen Möglichkeiten: Groß- und Kleinschreibung, Entfernung von Leerzeichen, Codierung von Sonderzeichen.

3.5 Datum und Uhrzeit

Mit Hilfe der `date`-Funktion lassen sich Datum und/oder Uhrzeit des Webservers abfragen:

Datum und Uhrzeit

Datum/Uhrzeit ausgeben

```
date(...);
```

Parameter

G	Stundenzahl (0 bis 23)
H	Stundenzahl zweistellig (00 bis 23)
i	Minutenzahl (00 bis 59)
d	Tageszahl zweistellig (01 bis 31)
j	Tageszahl einstellig (1 bis 31)
m	Monatszahl zweistellig (01 bis 12)
n	Monatszahl (1 bis 12)
s	Sekundenzahl (00 bis 59)
W	Wochennummer (1 bis 52)
y	Jahreszahl zweistellig z. B. 11
Y	Jahreszahl vierstellig z. B. 2018
z	Aktueller Tag (1 bis 365)

Beispiel

```
<!DOCTYPE html>
<html>
<head>
 <title>Datum und Uhrzeit</title>
 <meta charset="UTF-8">
</head>
<body>
<?php
 echo "Datum: ".date("d.m.Y");
 echo "<br>";
 echo "Uhrzeit: ".date("H:i:s");
?>
</body>
</html>
```

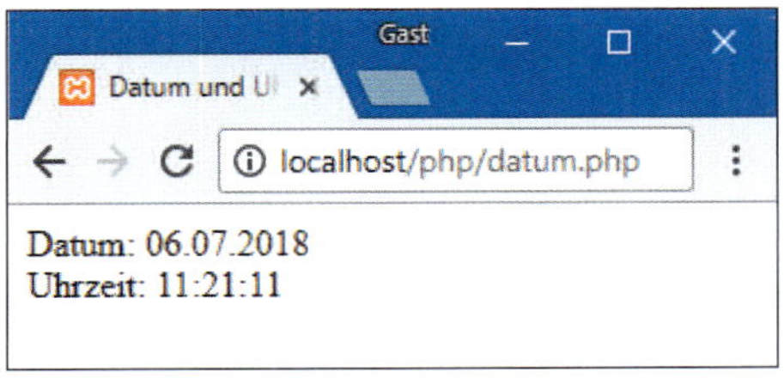

Um Daten miteinander vergleichen zu können, wurde das Datum 01.01.1970 als Stunde null definiert und seither die Sekunden gezählt. Dieser sogenannte *Zeitstempel*, der das aktuelle Datum abfragt, lässt sich mit dem Befehl `time()` abfragen. Der aktuelle Zeitstempel kann dann mit einem zweiten Zeitstempel verglichen werden, der mit `mktime()` auf ein beliebiges Datum gesetzt wird. Beachten Sie dabei jedoch, dass der Monat vor dem Tag angegeben werden muss.

Mit Datum und Uhrzeit rechnen

Zeitstempel (Sekunden seit 01.01.1970)

```
time(..);
```

Zeitstempel eines bestimmten Datums

```
mktime($stunde,$minute,$sekunde,
$monat,$tag,$jahr);
```

Beispiel

```
<!DOCTYPE html>
<html>
<head>
 <title>Datum und Uhrzeit</title>
 <meta charset="UTF-8">
</head>
<body>
<?php
 //Aktueller Zeitstempel
 $heute = time();
 //Eigener Zeitstempel
 $tag = 10;
 $monat = 07;
 $jahr = 2018;
 $termin = mktime(0,0,0,$monat,
 $tag,$jahr);
 //Vergleich der Zeitstempel
 if ($termin > $heute) {
  $sekunden = $termin - $heute;
  $minuten = $sekunden / 60;
  $stunden = $minuten / 60;
  $tage = round($stunden / 24);
  echo "Noch $tage Tage bis zur
  Feier am 10.07.2018!";
 }
?>
</body>
</html>
```

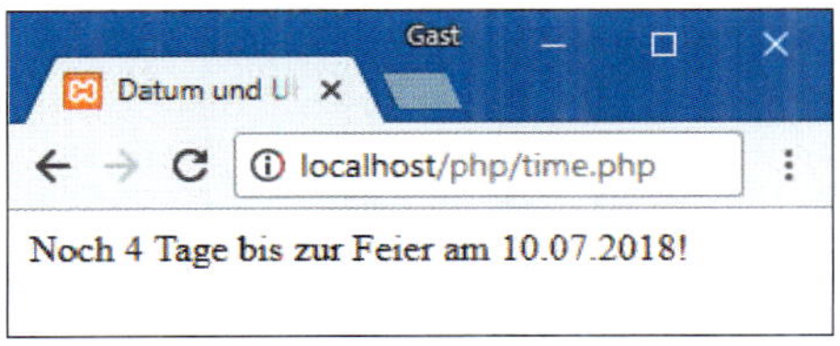

3.6 Aufgaben

1 Formular auswerten

a. Realisieren Sie das HTML5-Formular und speichern Sie die Datei unter *quiz.html* ab.

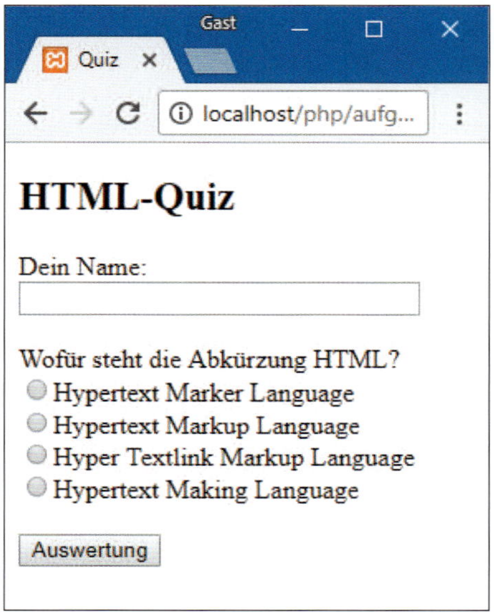

b. Erstellen Sie eine PHP-Datei *quiz.php* zur Auswertung der Eingaben, z. B.:

Hinweis:
Den Text „korrekt" oder „falsch" können Sie über das `value`-Attribut der Radiobuttons übergeben.

2 Formular auswerten

a. Realisieren Sie das HTML5-Formular *fahrerlaubnis.html*.

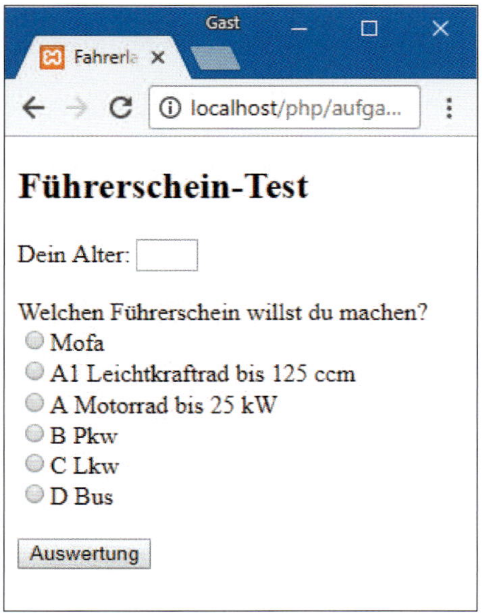

b. Erstellen Sie eine PHP-Datei *fahren.php*, die in Abhängigkeit von den Eingaben eine korrekte Ausgabe erzeugt, z. B.:

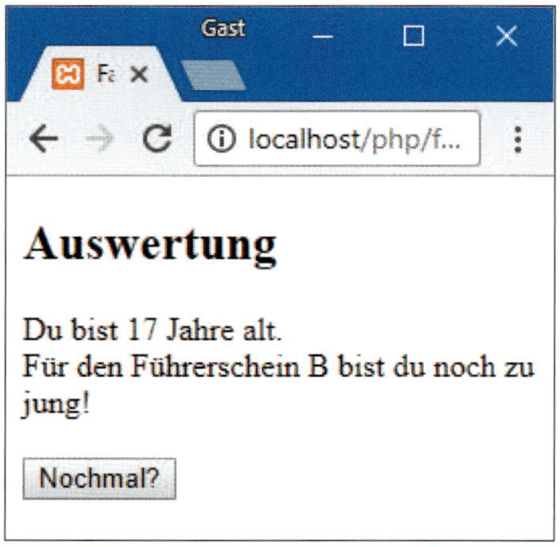

Hinweise:

- Es gelten folgende Altersbegrenzungen: Mofa mit 15, A1 mit 16, A und B mit 18, C bei nichtgewerblicher Nutzung mit 18 und D mit 21 Jahren.
- Zur Auswertung müssen Sie zwei Bedingungen (Alter und Fahrerlaubnis) mit der &&-Verknüpfung kombinieren.

c. Ergänzen Sie einen Button *Nochmal?*, der die Rückkehr zum Eingabeformular ermöglicht.

3 Counter realisieren

a. Erzeugen Sie eine Textdatei *counter.txt* und tragen Sie in diese Datei die Zahl 123 ein.

b. Erstellen Sie eine PHP-Datei *counter.php*, das

- die Datei *counter.txt* öffnet,
- den Zahlenwert ausliest und anzeigt,
- den Zahlenwert um eins erhöht,
- den neuen Wert in die Datei schreibt,
- die Datei schließt.

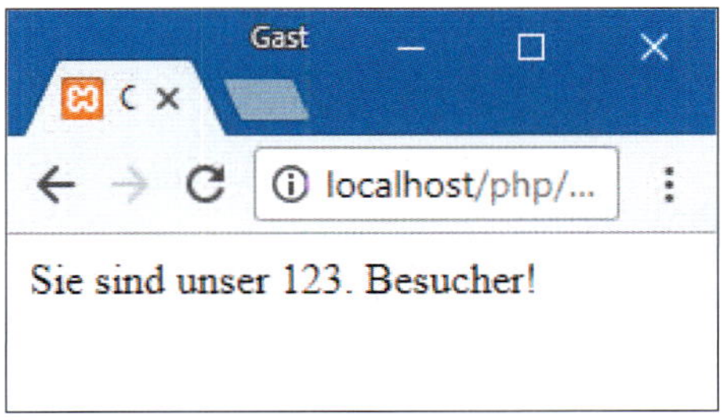

Hinweis: Testen Sie die Funktion, indem Sie die Datei im Browser neu laden (Taste F5 bei Windows).

4 CSV-Datei auslesen

a. Erstellen in Excel oder Calc eine Tabelle mit dem rechts oben dargestellten Inhalt (ohne Überschrift). Speichern Sie die Tabelle als CSV-Datei mit dem Namen *artikel.csv* ab.

b. Erstellen Sie eine PHP-Datei *sporthaus.php*. Lesen Sie die CSV-Datei zeilenweise aus und geben Sie die Datensätze in tabellarischer Form aus.

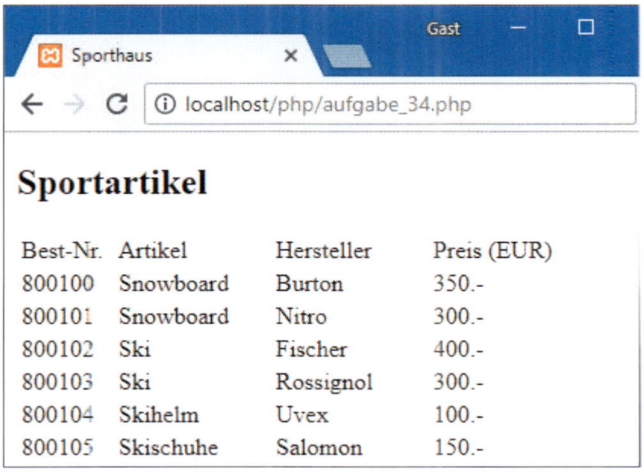

5 Datum und Uhrzeit anzeigen

Erstellen Sie eine PHP-Datei *datum.php* zur Ausgabe des aktuellen Datums sowie der aktuellen Uhrzeit, z. B.:

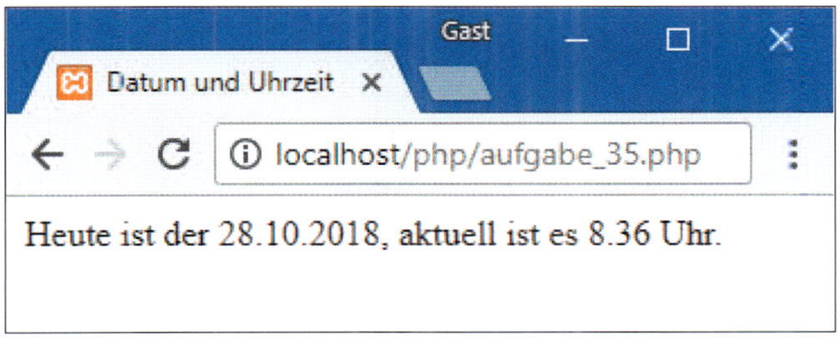

4.1 Einführung

Wir merken als Anwender normalerweise nichts davon, aber ohne Datenbanken wäre die heutige Medienbranche unvorstellbar. Daten sind der wertvollste Schatz unserer globalisierten und vernetzten Medienwelt. Nicht wenige sind durch Datenbanken zu Milliardären geworden – Facebook-Chef Mark Zuckerberg war damals noch keine dreißig Jahre alt!

Eine Datenbank hat die Aufgabe, große Datenmengen in einer strukturierten Form widerspruchsfrei zu speichern und vor Verlust und unbefugtem Zugriff zu schützen.

Ob Print- oder Digitalmedien: Datenbanken finden sich überall. Einige Anwendungsbeispiele sind:

- Auftrags- und Kundendatenbanken
- Medienarchive
- Workflow-Systeme für die Print- und Digitalproduktion
- Personalisiertes Drucken
- Shopsysteme
- Content-Management-Systeme wie Joomla, Drupal oder Typo3
- Suchmaschinen
- Lernmanagementsysteme wie Moodle
- Soziale Netzwerke
- Digitale Archive wie Wikipedia

Nun sagen Sie vielleicht: Ich bin Mediengestalter/in – Datenbanken ist Thema der Informatiker. In der Tat erfordert der Umgang mit Datenbanken und erst recht deren Entwurf fundierte Kenntnisse auf diesem Gebiet. Dennoch ist die heutige Medienbranche so stark von der Informatik abhängig, dass alle Beteiligten zumindest eine gemeinsame Sprache sprechen müssen. Dies bedeutet, dass auch Mediengestalter ein Grundverständnis von Datenbanken benötigen. Dieses wollen wir Ihnen in diesem Kapitel vermitteln.

Eine konkrete Anwendung finden Sie in den Kapiteln 4.4 und 4.6. Der Zugriff auf die Datenbank erfolgt in unserem Fall mit PHP, so dass Sie sich – falls noch nicht geschehen – zunächst mit den Grundlagen dieser Sprache beschäftigen sollten.

Datenbanken

A Bilddatenbank
B Kundendatenbank
C Produktdatenbank
D Datenbank mit Suchvorschlägen
E Datenbank für Shopsystem

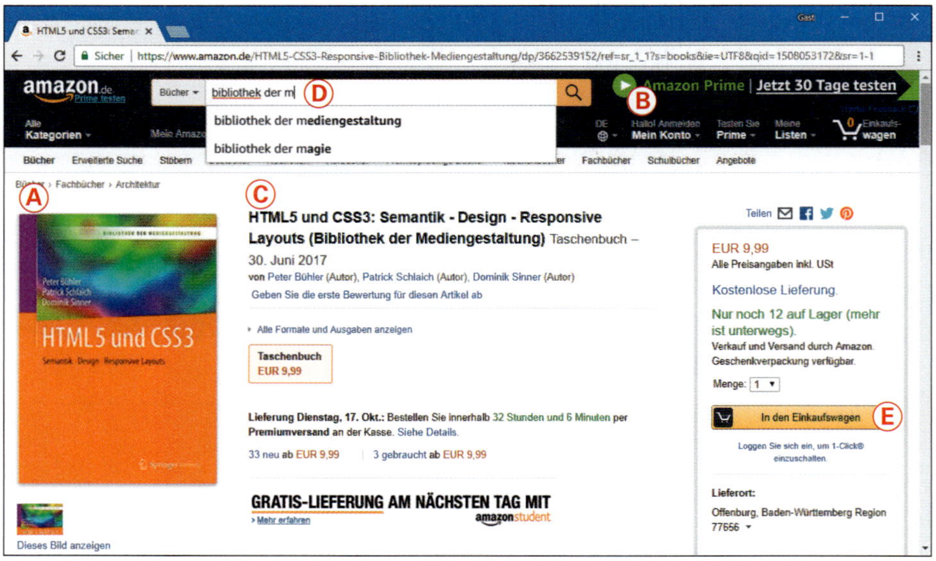

P. Bühler, P. Schlaich, D. Sinner, *Webtechnologien*, Bibliothek der Mediengestaltung,
https://doi.org/10.1007/978-3-662-54730-4_4

4.2 Grundbegriffe

Nach den einführenden Betrachtungen über Datenbanken müssen einige Begriffe definiert werden, die für die Arbeit mit Datenbanken wichtig sind.

4.2.1 Tabelle (Relation)

Tabellen stellen das wichtigste Hilfsmittel zur strukturierten Darstellung von Daten dar. Die im Rahmen dieses Kapitels besprochenen *relationalen Datenbanken* verwenden ausschließlich Tabellen zur Strukturierung der Daten. Tabellen werden in der Datenbanktheorie als *Relation* bezeichnet.

Tabellen ermöglichen eine kompakte Darstellung großer Datenmengen. Weitere Vorteile der tabellarischen Darstellung sind:

- Tabellen lassen sich nach beliebigen Attributen *sortieren*, z. B. nach Postleitzahl oder Wohnort.
- Tabellen können nach vorgegebenen Kriterien *gefiltert* werden, z. B. könnten Sie für eine Werbeaktion alle Kunden aus Freiburg benötigen.
- Tabellen können Sie miteinander *in Beziehung setzen*. Beispiel: Eine Beziehung zwischen einer Kunden- und einer Auftragsdatenbank besteht darin, dass zwischen dem Kunden und dem Auftrag eine eindeutige Verbindung besteht: Zu jedem Auftrag gehört genau ein Kunde.

Datensatz (Tupel)
Zusammengehörende Daten werden üblicherweise zeilenweise notiert und als Datensatz oder *Tupel* bezeichnet. Ein Datensatz besteht aus mehreren *Datenfeldern*, z. B. Kundennummer, Nachname, Vorname, Anschrift, Telefonnummer und E-Mail-Adresse. Jeder Datensatz muss über einen sogenannten *Schlüssel*, z. B. die Kundennummer, eindeutig identifizierbar sein.

Attribute
Die einzelnen Zellen einer Tabelle werden als Datenfelder bezeichnet. Gleichartige Datenfelder, z. B. Nachnamen oder E-Mail-Adressen, sind spaltenweise angeordnet und werden in der Theorie *Attribute* genannt. Jedes Attribut wird durch einen Feldnamen, z. B. „Nname" oder „Mail", bezeichnet.

Datentyp
Jedem Attribut müssen Sie einen bestimmten Datentyp zuweisen. Die wichtigsten Datentypen sind:

- Ganze Zahlen (INTEGER)
- Dezimalzahlen (FLOAT, DECIMAL)
- Zeichen (CHAR)

Grundbegriffe
Relationale Datenbanken bestehen aus einer oder mehreren Tabellen.

Tabelle (Relation)

Datenfeld

Kundendaten

Kd-Nr	Nname	Vname	Strasse	Plz	Ort	Tel	Mail
0001	Adler	Fritz	Hauptstr. 23	88214	Ravensburg	(0751)123456	f.adler@web.de
0002	Maier	Wolfgang	Gartenstr. 15	77933	Lahr	(07821)223344	maierle@gmx.de
0003	Franz	Justus	Holzweg 3	79576	Weil/Rhein	(07621)114488	justus.f@web.de
0004	Bauer	Paul	Hauptstr. 5	77960	Seelbach	(07823)876543	paule@freenet.de

Attribute

Datensatz (Tupel)

(Primär-)Schlüssel

Datentypen

Auswahl wichtiger Datentypen:

- Ganze Zahlen (INTEGER, SMALLINT)
- Dezimalzahlen (NUMERIC, DECIMAL, FLOAT, REAL, DOUBLE)
- Einzelne Zeichen (CHAR)
- Text (VARCHAR, LONGVARCHAR)
- Ja/Nein-Entscheidung (BOOLEAN)
- Datum (DATE)
- Zeit (TIME)
- Binäre Daten (BINARY) z. B. für Bilder

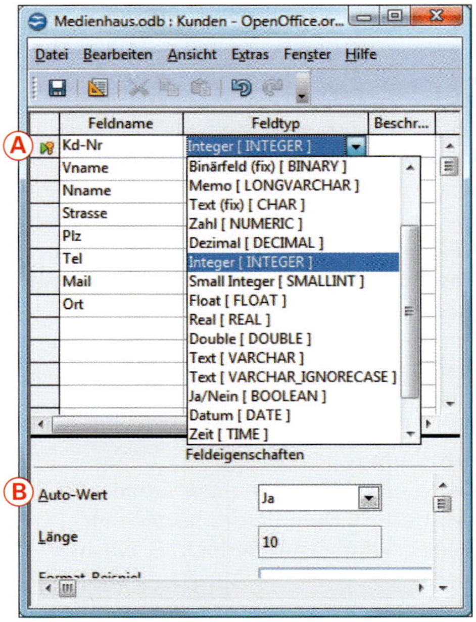

- Text (VARCHAR)
- Ja/Nein (BOOLEAN)
- Datum (DATE)
- Uhrzeit (TIME)
- Binäre Daten (BINARY)

Warum ist diese Unterscheidung wichtig? Erstens entscheidet der Datentyp über den benötigten Speicherplatz und damit letztlich auch über die Leistungsfähigkeit der Datenbank. Zweitens ist die Festlegung des Datentyps zur weiteren Verarbeitung der Daten erforderlich. So kann mit Zahlen gerechnet werden, z. B. Menge x Einzelpreis = Endpreis, aus Texten lassen sich beispielsweise E-Mails generieren, während binäre Datentypen z. B. Bilder speichern können.

Schlüssel

Ein wesentliches Merkmal einer Datenbank ist, dass jeder Datensatz eindeutig identifizierbar sein muss. Für diesen Zweck wird in jeder Tabelle (mindestens) ein Schlüssel benötigt.

In der Kundendatenbank wurde die Kundennummer als Schlüssel definiert. Sie erkennen dies am kleinen Schlüsselsymbol **A** links vom Feldnamen. Über einen Schlüssel wird der Zugriff auf Datensätze beschleunigt. Sein Wert wird vom System üblicherweise automatisch vergeben (Auto-Wert) **B**, so dass doppelte Werte nicht vorkommen können. Weiterhin ermöglichen Schlüssel die Verknüpfung von Tabellen miteinander.

Ein Schlüssel, der zur Identifikation der Datensätze der eigenen Tabelle dient, heißt *Primärschlüssel*. Wird dieser Schlüssel in einer Tabelle verwendet, die einen eigenen Primärschlüssel hat, spricht man vom *Fremdschlüssel*.

4.2.2 Datenbank – Datenbanksystem

Datenbank

Bei einer Datenbank (DB) handelt es sich um eine strukturierte Sammlung von Daten, die in einem sachlogischen Zusammenhang stehen.

Relationale Datenbank

Relationale Datenbanken bilden die wichtigste Untergruppe der Datenbanken. Eine relationale Datenbank besteht aus mindestens einer, meistens aus mehreren Tabellen, die über *Schlüssel* miteinander in Beziehung stehen. Jede Tabelle besteht ihrerseits aus mehreren Datensätzen. Neben relationalen gibt es beispielsweise hierarchische oder objektorientierte Datenbanken.

Datenbanksystem

Ein Datenbanksystem (DBS) dient der Erstellung, Pflege und Verwaltung von einer oder mehreren Datenbanken. Beispiele für Datenbanksysteme sind Oracle, Microsoft SQL, Microsoft Access, MySQL oder MariaDB.

4.3 Datenerfassung

4.3.1 Karteikarten

Wie hat eine Datenbank ausgesehen, bevor es Computer gab? Es waren Kästen oder Schubfächer gefüllt mit Karteikarten.

Das Beispiel zeigt die Karteikarte einer Kundenkartei. Zur eindeutigen *(konsistenten)* Kennzeichnung der Kunden dient die Kundennummer (Kd.-Nr.). Da für jeden Kunden genau eine Karte angelegt wird, ist gewährleistet, dass Daten nicht doppelt *(redundanzfrei)* erfasst werden. Durch das alphabetische Sortieren der Karten nach Nachnamen wird ein gezielter Zugriff auf die Kundendaten möglich.

4.3.2 Formulare

Am Prinzip der Karteikarte hat sich nichts geändert, nur dass die Eingabe elektronisch erfolgt: Formulare ermöglichen ein anwenderfreundliches „Einpflegen“ von Daten in eine Datenbank, ohne dass hierzu Kenntnisse über die Struktur der Daten benötigt werden.

Der wesentliche Vorteil von Formularen besteht darin, dass bereits bei der Datenerfassung eine Überprüfung auf Vollständigkeit und Korrektheit der Daten erfolgen kann, z. B. mit JavaScript (siehe Seite 38) und/oder mit PHP (siehe Seite 63). Heutige Datenbanksysteme erkennen:

- Fehlende Eingaben
- Falsche Eingaben, z. B. vierstellige Postleitzahlen oder E-Mail-Adressen ohne @-Zeichen
- Rechtschreibfehler, z. B. fehlende Großschreibung

Die Systeme sind so programmiert, dass sie einen sogenannten Datensatz erst dann akzeptieren, wenn er vollständig und, soweit durch eine Software überprüfbar, fehlerfrei ist. Das System stößt an seine Grenzen, wenn der Anwender (absichtlich oder versehentlich) falsche Eingaben macht, die für die Software nicht als Fehler erkennbar sind, z. B. falsche Namen.

Ein weiterer Vorteil von Formularen ist, dass der Anwender nicht alle für die Datenbank benötigten Daten eingeben muss: Im Beispiel wird die für die Datenbank zur Identifikation des Kunden notwendige Kundennummer nicht durch den Anwender erfasst, sondern vom System einmalig und eindeutig vergeben. Würde zufällig ein zweiter „Fritz Adler“ im selben Haus wohnen, wäre er dennoch eindeutig identifizierbar, weil er eine andere Kundennummer zugewiesen bekommt.

Ein dritter Aspekt, der die Datenerfassung über Formulare unersetzbar

Formulare
ermöglichen die Eingabe (das „Einpflegen“) von Daten in eine Datenbank. Zusammengehörende Daten werden als Datensatz bezeichnet.

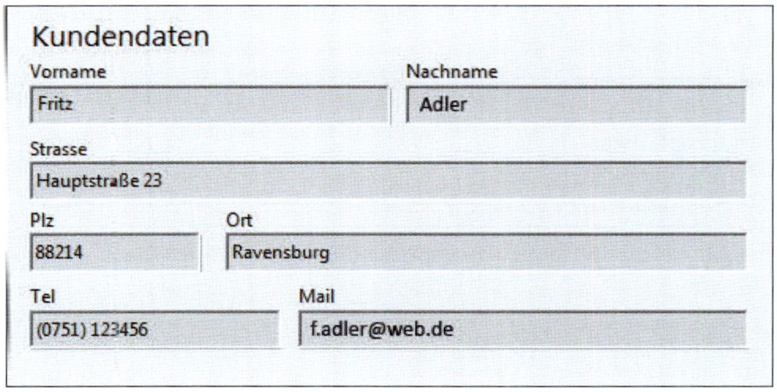

macht, ist die weltweite Verfügbarkeit: Über Webformulare lassen sich Daten mit jedem Computer erfassen, der mit dem Internet verbunden ist. Auf diese Weise ist es möglich geworden, ein Hotel in Timbuktu oder ein Auto auf Honolulu zu buchen.

4.3.3 Datenbanksoftware

Natürlich hat der gute alte Karteikasten längst ausgedient – zur Verwaltung der riesigen Datenmenge kommt eine Software zum Einsatz. Hierbei wird zwischen zwei Arten von Datensoftware unterschieden.

Fileserver-System
Bei einem Fileserver-System greifen der oder die Nutzer direkt auf die Datenbank zu, die sich üblicherweise auf einem Server befindet.

Vorteil dieser Systeme ist der relativ geringe Installationsaufwand. Nachteil dieses Verfahrens ist jedoch, dass der direkte Zugriff auf die Datenbank das Risiko mit sich bringt, dass es zu Fehlern kommen kann, beispielsweise einem Rechnerabsturz. Fileserver-Systeme sind deshalb nur für kleinere Datenbanksysteme empfehlenswert. Beispiele für Fileserver-Systeme sind:

- *Microsoft Access*: Neben Word, PowerPoint und Excel gehört Access zum Microsoft-Office-Paket, für das es kostengünstige Lehrer-, Schüler- und Studentenversionen gibt.
- *Base* ist das Datenbanksystem der beiden Office-Pakete Apache OpenOffice bzw. LibreOffice. Beide Office-Pakete können Sie kostenlos downloaden und nutzen.

Client-Server-System
Bei einem Client-Server-System können die Nutzer nicht direkt auf die Datenbanken zugreifen, der Zugriff erfolgt indirekt über einen Datenbankserver. Damit dies funktioniert, wurde mit *SQL* eine standardisierte Zugriffssprache auf Datenbanken eingeführt (vgl. Kapitel 4.5 ab Seite 77). SQL-Befehle werden *serverseitig* ausgewertet, das Resultat der Abfrage wird an den Client übertragen. Der Vorteil dieser Vorgehensweise liegt darin, dass durch die serverseitige Abarbeitung der SQL-Befehle eine deutlich geringere Netzbelastung erreichbar wird. Außerdem ist die Datensicherheit deutlich höher.

Für dieses Buch haben wir uns für das kostenfreie Client-Server-System *MariaDB* entschieden, eine Weiterentwicklung des weit verbereiteten Datenbanksystems MySQL. MariaDB ist Bestandteil des Programmpakets *XAMPP* ist. Zur Erstellung und Verwaltung der Datenbanken stellt XAMPP die Weboberfläche *phpMyAdmin* bereit.

Datenbanksysteme
In der Tabelle sind die wichtigsten Datenbanksysteme zusammengestellt.

Datenbanksysteme					
Name	System	Art	Windows	macOS	Unix/Linux
Oracle	Client-Server	kommerziell	•		•
Microsoft SQL	Client-Server	kommerziell	•		•
MySQL	Client-Server	Open Source	•	•	•
PostgreSQL	Client-Server	Open Source	•		•
DB2 (IBM)	Client-Server	kommerziell	•		•
Microsoft Access	Fileserver	kommerziell	•		
Filemaker	Fileserver	kommerziell	•	•	

4.4 Datenbankentwurf

Datenbankentwurf ist eine anspruchsvolle Aufgabe! Im Band *Datenmanagement* in dieser Buchreihe lernen Sie die Grundregeln kennen, deren Beachtung beim Entwurf größerer Datenbanken zu beachten sind.

In diesem Buch liegt der Schwerpunkt auf dem webbasierten Datenbankzugriff, so dass wir uns an dieser Stelle auf die wichtigsten Forderungen beschränken.

4.4.1 Forderungen

Am Beispiel der Kundendatenbank auf Seite 69 lassen sich die Hauptkriterien für den Entwurf von Datenbanken ablesen: *Datenkonsistenz* und *Redundanzfreiheit*.

Datenkonsistenz
Jeder Datensatz muss eindeutig identifizierbar sein, man bezeichnet dies als Konsistenz. Dies wird dadurch erreicht, dass die als Primärschlüssel bezeichnete (Kunden-)Nummer nur einmalig vergeben werden darf. Sie wird selbst dann nicht erneut vergeben, wenn der Datensatz gelöscht wird.

Konsistente Datensätze sind also gleich einem Fingerabdruck immer eindeutig unterscheidbar, selbst wenn der Fall eintritt, dass sich zwei Menschen mit demselben Namen eine Wohnung und einen Telefonanschluss teilen.

Redundanzfreiheit
Werden sämtliche Daten nur ein einziges Mal erfasst und gespeichert, dann sind sie redundanzfrei. Dies spart Speicherplatz und verhindert Probleme bei späteren Änderungen.

Nehmen Sie an, dass ein Kunde im Laufe der Zeit mehrere Bestellungen tätigt. Ohne Kundennummer müssten bei jeder Bestellung Name und Anschrift erneut und damit redundant erfasst werden. Noch problematischer wäre, wenn sich nach einiger Zeit die Anschrift des Kunden ändert. Um die Daten konsistent zu halten, müsste die Anschrift bei sämtlichen Bestellungen nachträglich geändert werden.

Sie erkennen, dass die Kundennummer als Schlüssel die mehrfache Eingabe der Kundendaten unnötig macht, da zu jeder Bestellung lediglich die Kundennummer notiert werden muss. Im Falle der geänderten Anschrift muss diese Änderung in der Kundendatenbank nur an einer Stelle vorgenommen werden, die Kundennummer selbst bleibt unverändert.

Weitere Forderungen
- Der Nutzer braucht sich nicht um die Organisation und Verwaltung der Daten zu kümmern.
- Die Daten einer Datenbank müssen vor Verlust sicher sein (Datensicherheit). Um diese Forderung zu erfüllen, müssen geeignete Backup-Strategien zum Einsatz kommen.
- Ein heikles Thema ist der Datenschutz vor unerlaubtem Zugriff und vor Manipulation, insbesondere wenn es sich um personenbezogene Daten handelt!
- Mehrere Nutzer müssen gleichzeitig auf eine Datenbank zugreifen können (Multiuser-DB), ohne dass dies zu Inkonsistenzen führen kann.

4.4.2 Szenario

Im Folgenden erstellen Sie eine kleine Datenbank zur Verwaltung einer DVD-Sammlung. Zu jedem Film sollen folgende Informationen verfügbar sein:
- Filmtitel
- Erscheinungsjahr
- Filmdauer in Minuten

	A	B	C	D	E	F	G
1	dvd_id	dvd_titel	dvd_jahr	dvd_min	dvd_genre	dvd_fsk	dvd_cover
2	1	Avatar	2009	162	Science Fiction	12	avatar.jpg
3	2	Casino Royale	2006	144	Action	12	casino_royale.jpg
4	3	Das fünfte Element	1997	120	Science Fiction	12	das_fuenfte_element.jpg
5	4	Das große Krabbeln	1998	91	Zeichentrick	0	das_grosse_krabbeln.jpg
6	5	Die Vampirschwestern	2012	93	Familie	0	die_vampirschwestern.jpg
7	6	Django Unchained	2012	165	Action	16	django_unchained.jpg
8	7	Findet Nemo	2003	96	Zeichentrick	0	findet_nemo.jpg
9	8	Flight	2012	133	Drama	12	flight.jpg
10	9	Fünf Freunde	2012	88	Familie	0	fuenf_freunde.jpg
11	10	Gangster Squaid	2012	108	Action	16	gangster_squaid.jpg
12	11	Ice Age	2013	78	Zeichentrick	0	ice_age.jpg
13	12	Keinohrhasen	2007	116	Komödie	12	keinohrhasen.jpg
14	13	Kokowääh	2010	126	Komödie	6	kokowaeaeh.jpg

Datenerfassung

Die Datensätze werden in Microsoft Excel erfasst und als CSV-Datei exportiert.

- Filmgenre, also z. B. Action, Zeichentrick, Science Fiction
- FSK, also das von der *Freiwilligen Selbstkontrolle der Filmwirtschaft* empfohlene Mindestalter
- Filmcover

Zur Datenerfassung bietet sich die Verwendung von Microsoft *Excel* oder Open/LibreOffice *Calc* an. Im nächsten Kapitel werden Sie eine Weboberfläche programmieren, mit der sich u. a. neue Filme eingeben lassen.

Making of ...

1 Öffnen Sie eine *Excel-/Calc*-Datei.

2 Beginnen Sie mit den Feldnamen **A**. Vergeben Sie eindeutige Namen ohne Leerzeichen und Umlaute.[1]

3 Geben Sie mindestens zehn Datensätze zu Filmen Ihrer Wahl ein.

4 Besorgen Sie sich die DVD-Cover im Internet und formatieren Sie sie in einheitlicher Größe von z. B. 140 x 200 Pixel. Speichern Sie die Bilder als JPG-Dateien ab. (Beachten Sie, dass Sie die Bilder nur zu Übungszwecken verwenden dürfen.)

5 Tragen Sie in Ihrer *Excel-/Calc*-Tabelle die Dateinamen der Bilder ein **B**. Achten Sie darauf, dass die Schreibweise exakt übereinstimmt.

6 Speichern Sie die fertige Datenbank im Menü *Datei > Speichern unter* als CSV-Datei ab. Der Grund hierfür ist, dass sich CSV-Dateien in *MariaDB* importieren lassen. Wählen Sie *.csv* als Dateityp aus und nennen Sie die Datei *dvd_archiv.csv*.

1 Wenn Sie sich mit „normalisierten" Datenbanken auskennen, dann wissen Sie, dass das Filmgenre in eine zweite Tabelle ausgelagert werden müsste, damit die Datenbank konsistent bleibt. Wir verzichten an dieser Stelle darauf.

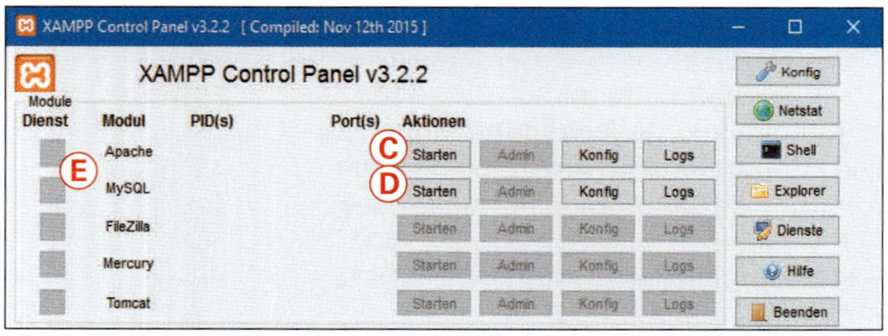

4.4.3 Datenbankimport

Wie bereits erwähnt, verwenden wir in diesem Buch das Datenbanksystem *MariaDB* als Bestandteil des XAMPP-Progammpakets. Mit *phpMyAdmin* stellt XAMPP eine browserbasierte Oberfläche zur Verfügung, die den Zugriff auf die Datenbanken ermöglicht.

Making of ...

1 Falls Sie XAMPP noch nicht installiert haben, lesen Sie die Vorgehensweise bitte auf Seite 7 nach.

2 Starten Sie die „Steuerzentrale" durch Doppelklick auf die Datei *xampp-control(.exe)*.

3 Den *Apache*-Server starten Sie durch Anklicken des Buttons **C**,

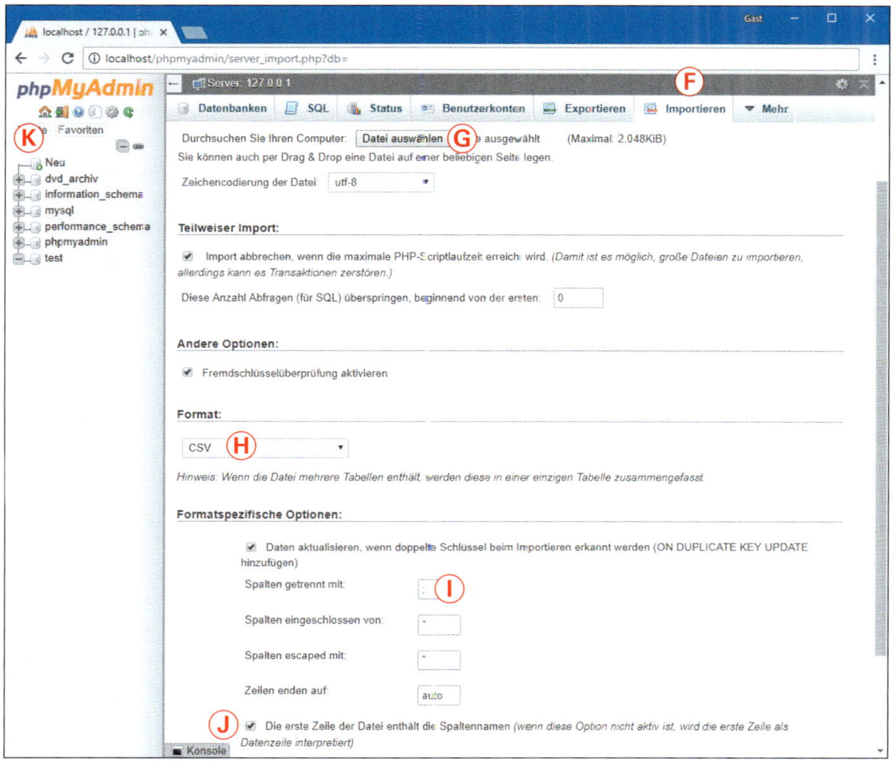

phpMyAdmin
Das Web-Interface zur Erstellung und Verwaltung von Datenbanken ist Bestandteil des XAMPP-Paketes.

MySQL bzw. *MariaDB* durch Anklicken von **D**. Beim ersten Start kommt eventuell eine Warnmeldung der Firewall, ob der Internetzugriff durch den Server zugelassen werden soll. Dies müssen Sie bestätigen. Wenn die Module (**E** auf linker Seite) grün hinterlegt werden, sind die Server gestartet..

4 Öffnen Sie einen Webbrowser und geben Sie localhost/phpmyadmin ein. *Localhost* bezeichnet einen lokal installierten Server und *phpMyAdmin* ist die Weboberfläche zur Verwaltung der Datenbanken.

5 Klicken Sie auf *Importieren* **F** und wählen Sie Ihre CSV-Datei aus **G**.

6 Wählen Sie CSV als *Format* **H** und geben Sie bei *Spalten getrennt mit* einen Strichpunkt (;) **I** ein. Setzen Sie das Häkchen bei *Die erste Zeile der Datei enthält die Spaltennamen* **J**. Scrollen Sie ganz nach unten und bestätigen Sie mit OK. Nach erfolgreichem Import müssten Sie eine Bestätigungsmeldung („Der Import wurde erfolgreich abgeschlossen.“) sehen.

7 Ihre Datenbank sollten nun im linken Bereich **K** auftauchen und heißt standardmäßig *csv_db*. Klicken Sie auf die Datenbank und wählen Sie in der Menüleiste *Operationen*. (Klicken Sie auf *Mehr*, falls der Reiter nicht sichtbar ist.)

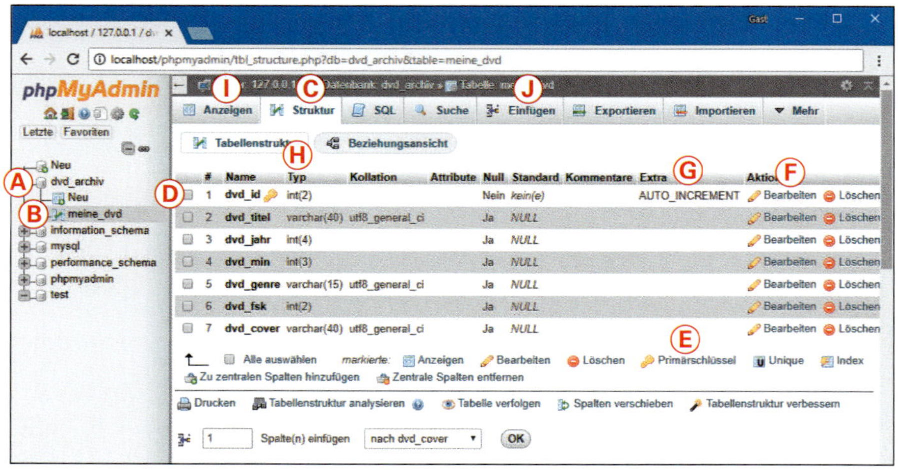

8 Benennen Sie die Datenbank in *dvd_archiv* um **A**.

9 Klicken Sie auf die (einzige) Tabelle der Datenbank und benennen Sie die Tabelle ebenfalls unter *Operationen* in *meine_dvd* um **B**.

10 Vergeben Sie einen Primärschlüssel: Klicken Sie auf *Struktur* **C** und setzen Sie das Häkchen in der ersten Zeile **D**. Klicken Sie auf Primärschlüssel **E**.

11 Damit der Primärschlüssel keine doppelten Werte haben kann, setzen wir ihn auf `AUTO_INCREMENT`. Dies bedeutet, dass er bei Eingabe neuer Datensätze automatisch erhöht wird. Klicken Sie hierzu auf *Bearbeiten* **F** und scrollen Sie nach rechts. Setzen Sie das Häkchen bei *A_I*. Der Eintrag erscheint unter *Extra* **G**.

12 Unter *Typ* **H** sehen Sie, dass den einzelnen Spalten beim Import bereits der korrekte Datentyp zugewiesen wurde: Bei `int()` handelt es sich um ganze Zahlen, bei `varchar()` um Buchstaben. Die Zahlen in den Klammern geben an, wie groß die Zahlen bzw. Wörter werden können. Falls Sie, z. B. für längere Titel, mehr Buchstaben benötigen, können Sie dies unter *Bearbeiten* **F** anpassen.

13 Überprüfen Sie unter *Anzeigen* **I**, ob die Datensätze alle korrekt importiert wurden. Nehmen Sie ggf. Korrekturen vor.

14 Unter *Einfügen* **J** können Sie bei Bedarf weitere Datensätze hinzufügen. Lassen Sie dabei das Feld für die *dvd_id* frei, weil der Primärschlüssel automatisch vergeben wird (`AUTO_INCREMENT`).

Die Erstellung der (kleinen) Datenbank ist damit abgeschlossen. Bevor wir in Kapitel 4.6 mit Hilfe von PHP darauf zugreifen, stellen wir Ihnen im nächsten Kapitel zunächst die hierfür erforderliche Abfragesprache *SQL* vor, die einen standardisierten Zugriff auf Datenbanken ermöglicht.

4.5 SQL

4.5.1 Bedeutung

Um Webseiten weltweit einheitlich darstellen zu können, wurde die Seitenbeschreibungssprache HTML5 (Hypertext Markup Language) entwickelt und standardisiert. Zur Gestaltung und Formatierung von Webseiten dient CSS3.

Auch bei der Entwicklung von Datenbanken wird das Ziel verfolgt, dass ein – im Idealfall – plattform- und programmunabhängiger Zugriff auf Datenbanken möglich ist. Dazu wurde für relationale Datenbanken die Abfragesprache *SQL (Structured Query Language)* entwickelt. Sie ermöglicht unter anderem das

- Erstellen von Datenbanken und von Tabellen,
- Eingeben, Ändern und Löschen von Datensätzen,
- Abfragen (engl.: query) von Daten nach gewünschten Kriterien.

SQL ist ISO-standardisiert und plattformunabhängig. Dennoch existieren verschiedene Sprachversionen bzw. -dialekte, so dass in Abhängigkeit vom eingesetzten Datenbankmanagementsystem unterschiedliches SQL zum Einsatz kommt.

Wenn Sie Ihre Datenbanken mit einer Software wie *Microsoft Access* erstellen und verwalten, dann benötigen Sie nicht unbedingt SQL-Kenntnisse. Die gewünschten Abfragen lassen sich mit Hilfe von Abfrage-Assistenten generieren, der zugehörige SQL-Befehl wird im Hintergrund erzeugt und ausgeführt.

Da wir auf unsere Datenbank mit Hilfe von PHP zugreifen wollen, brauchen wir SQL, da diese Befehle in den PHP-Code eingebunden werden. Hierauf gehen wir im nächsten Kapitel ein. In diesem Kapitel stellen wir Ihnen zunächst die wichtigsten SQL-Befehle vor.

4.5.2 Befehle

Im Unterschied zu anderen Sprachen ist der „Wortschatz" von SQL relativ begrenzt und einigermaßen leicht zu verstehen – sehen wir einmal von komplexen Anwendungen des `SELECT`-Befehls ab. Im Folgenden lernen Sie die wichtigen SQL-Befehle kennen.

Datenbank erstellen
Der SQL-Befehl, um eine neue Datenbank zu erstellen, lautet:

Datenbank erstellen

```
CREATE DATABASE kunden;
```

Die SQL-Befehle sind zur besseren Kennzeichnung großgeschrieben. Die Datenbank ist zunächst noch leer, enthält also noch keine Tabelle.

Der Befehl zum Löschen einer Datenbank heißt `DROP DATABASE`.

Tabellen erzeugen
Die Erzeugung einer Tabelle ist etwas umfangreicher, weil sämtliche Spalten der Tabelle und deren Eigenschaften (Attribute) angegeben werden müssen. Betrachten wir hierzu ein Beispiel:

Tabelle erstellen

```
CREATE TABLE kunden.meine_kunden
(knr INT(6) NOT NULL AUTO_INCREMENT,
 vorname VARCHAR(30),
 nachname VARCHAR(30),
 strasse VARCHAR(30),
 plz VARCHAR(5),
 ort VARCHAR(30),
 PRIMARY KEY (knr)
);
```

Erklärungen:

- Die Kundennummer (`knr`) erhält den Datentyp `INT` (Integer) für ganze

Zahlen. Weiterhin muss hier immer ein Eintrag erfolgen (NOT NULL), da die Kundennummer als Primärschlüssel (PRIMARY KEY) dient. Die Angabe AUTO_INCREMENT besagt schließlich, dass die Nummer vom Datenbanksystem automatisch vergeben und hochgezählt wird. Auf diese Weise ist die doppelte Vergabe einer Kundennummer nicht möglich.

- Die Attribute vorname, nachname strasse, plz und ort sind jeweils vom Datentyp VARCHAR, bestehen also aus einer variablen Anzahl von Zeichen. Die Angabe in Klammer besagt, dass maximal 30 bzw. 5 Zeichen möglich sind. Vielleicht wundern Sie sich, dass auch die Postleitzahl als Text und nicht als Zahl angegeben wird. Dies hat den Grund, dass es Postleitzahlen mit einer führenden Null gibt, z. B. 03042 (Cottbus). Bei einer Zahl würde die führende Null nicht angezeigt.

Die SQL-Befehle zum Verändern bzw. Löschen einer Tabelle heißen ALTER TABLE bzw. DROP TABLE.

Datensätze eingeben

Nachdem die Tabellen definiert sind, erfolgt im nächsten Schritt die Eingabe der Datensätze:

Datensatz eingeben

```
INSERT INTO kunden.meine_kunden
(vorname, nachname, strasse, plz, ort)
VALUES ("Paul", "Winkler", "Hauptstra-
ße 23", "77652", "Offenburg");
```

Erklärungen:

- Die Eingabe der Kundennummer entfällt, da diese durch das Datenbanksystem automatisch generiert und hochgezählt wird (AUTO_INCREMENT).
- Texte müssen in Anführungszeichen oder Hochkommas gesetzt werden. Die Postleitzahl wird ebenfalls als Text und nicht als Zahl eingegeben.

Datensätze ändern

Eine nachträgliche Änderung eines Datensatzes erfolgt mit Hilfe des UPDATE-Befehls. Im Beispiel wird also die gesamte Anschrift des Kunden mit der Kundennummer 5 geändert.

Datensatz ändern

```
UPDATE kunden.meine_kunden SET
strasse = "Gartenstraße 5",
plz = "77933",
ort = "Lahr"
WHERE knr = 5;
```

Datensätze löschen

Mit entsprechenden Zugriffsrechten ist auch das Löschen von Datensätzen problemlos möglich. Gelöscht wird der Datensatz mit der Kundennummer 5.

Datensatz löschen

```
DELETE FROM kunden.meine_kunden
WHERE knr = 5;
```

Datensätze abfragen

SELECT ist der mächtigste SQL-Befehl, der den Datenbankzugriff mittels Abfragen ermöglicht. Mit Hilfe von SELECT können Sie z. B. die Datensätze sortieren oder nach bestimmten Kriterien auswählen. In der Tabelle finden Sie einfache Beispiele, der SELECT-Befehl bietet deutlich mehr Möglichkeiten.

Zur vertieften Beschäftigung mit SQL finden Sie im Internet zahlreiche Tutorials, z. B. unter www.w3schools.com/sql/. Um den Umgang mit SQL einzuüben, können Sie auch phpMyAdmin verwenden.

Datensatz abfragen

Abfrage aller (*) Datensätze der Tabelle Kunden:

```
SELECT *
FROM kunden.meire_kunden;
```

Abfrage der Anschrift aller Kunden mit dem Namen „Mayer“:

```
SELECT vorname,nachname,strasse,
plz,ort
FROM kunden.meine_kunden
WHERE nachname LIKE "Mayer";
```

Abfrage aller Datensätze geordnet nach Postleitzahlen:

```
SELECT *
FROM kunden.meine_kunden
ORDER BY plz;
```

Making of …

1 Starten Sie die „Steuerzentrale“ durch Doppelklick auf die Datei *xampp-control(.exe)*.

2 Starten Sie den *Apache*-Server sowie *Maria DB*.

3 Geben Sie im Webbrowser localhost/phpmyadmin ein.

4 Klicken Sie auf *SQL* **A**. Geben Sie im Fenster **B** den gewünschten SQL-Befehl ein und bestätigen Sie mit OK **C**. Scrollen Sie nach unten, um das Ergebnis der Abfrage zu sehen.

5 Testen Sie auf diese Weise den `SELECT`-Befehl an der im letzten Kapitel erstellen Datenbank *dvd_archiv*. Fragen Sie beispielsweise
– alle Filme,
– alle Filme, sortiert nach Genre,
– alle Filme mit FSK 16 ab.

6 Fügen Sie über `INSERT INTO` einen neuen Datensatz in die Filmdatenbank ein.

7 Löschen Sie einen Datensatz mit `DELETE FROM`.

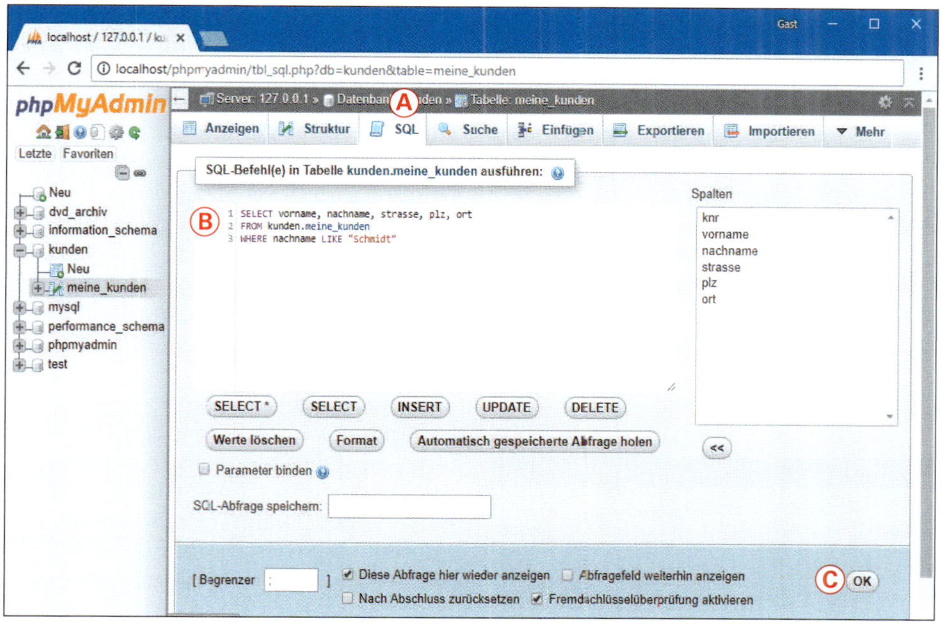

phpMyAdmin
In phpMyAdmin können Sie Abfragen in SQL eingeben.

4.6 Datenbankzugriff mit PHP

4.6.1 Vorbereitung

Auch für dieses Kapitel nutzen wir die Entwicklungsumgebung *NetBeans*. Bevor wir mit der Programmierung beginnen können, müssen einige Vorbereitungen getroffen werden.

Making of ...

1 Starten Sie *NetBeans*.

2 Wählen Sie im Menü *Datei > Neues Projekt*, im sich öffnenden Fenster die Kategorie *PHP* und als Projekt *PHP-Application* aus.

3 Geben Sie dem Projekt den Namen *DVD-Archiv*. Speichern Sie den Projektordner auf dem Webserver im Verzeichnis *XAMPP\htdocs* ab.

4 Erstellen Sie im Menü *Datei > Neue Datei...* eine Datei vom Typ *PHP Web Page*. Geben Sie der Datei den Namen *dvd_archiv.php*.

5 Erstellen Sie nun im Verzeichnis *XAMPP\htdocs\DVD-Archiv* einen Ordner *Bilder* und kopieren Sie die JPG-Dateien mit den Filmcovern in diesen Ordner.

6 Starten Sie die „Steuerzentrale" durch Doppelklick auf die Datei *xampp-control(.exe)*.

7 Starten Sie den *Apache*-Server sowie *MariaDB*.

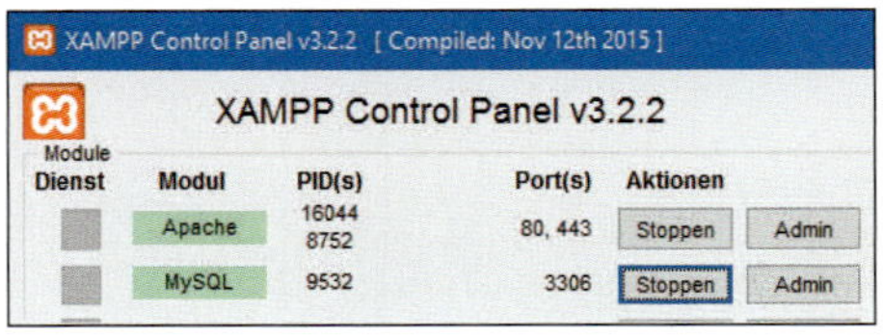

4.6.2 Datensätze auslesen

Der Zugriff auf eine Datenbank mit Hilfe von PHP erfolgt nach dem Schema:

- Verbindung zum Datenbankserver herstellen
- Verbindung zur Datenbank herstellen
- Datenabfrage mit Hilfe eines SQL-Befehls
- Anzeige der Ergebnisse im Browser
- Verbindung zum Datenbankserver beenden

In der Tabelle rechts finden Sie das hierfür erforderliche Skript, das wir Schritt für Schritt erklären.

Verbindung mit dem DBS

Zur Verbindung mit einem Datenbankserver dient der Befehl `mysqli_connect()` in Zeile 10. Er erfordert drei Parameter:

- Adresse des Servers, hier localhost
- Benutzername, hier root (Standardeinstellung)
- Passwort, hier ohne Passwort

Beachten Sie, dass obige Einstellungen nicht sicher sind, wenn Sie mit der Datenbank ins Internet gehen. Mit Hilfe von *phpMyAdmin* müssen Sie in diesem Fall Ihre Datenbank mit einem Benutzernamen und Passwort vor unerlaubtem Zugriff schützen.

Die Option `die` in Zeile 11 ist nicht erforderlich, aber nützlich, da Sie eine entsprechende Fehlermeldung angezeigt bekommen, wenn die Verbindung zum Server nicht funktioniert.

Verbindung zur DB

Ein Datenbankserver enthält normalerweise viele Datenbanken, so dass Sie mittels `mysqli_select_db()` die gewünschte Datenbank auswählen müssen (Zeile 14). Der Server wird als erster Parameter über den Variablennamen `$datenbank` übergeben.

Datensätze auslesen

Beispiel

```
1  <!DOCTYPE HTML>
2  <html>
3  <head>
4   <title>Datenbankzugriff</title>
5   <meta charset="UTF-8">
6  </head>
7  <body>
8  <?php
9   //Verbindung zum DBS
10  $datenbank = mysqli_connect("localhost","root","") or
11  die("Keine Verbindung zum DBS");
12
13  //Verbindung zur DB
14  mysqli_select_db($datenbank,"dvd_archiv") or
15  die("Keine Verbindung zur DB");
16
17  //SQL-Abfrage
18  $tabelle = "meine_dvd";
19  $result = mysqli_query($datenbank,"SELECT * FROM
20  $tabelle ORDER BY dvd_titel") or
21  die("Fehler: ".mysqli_error());
22
23  //Ausgabe der Ergebnisse
24  echo "<h3>Mein DVD-Archiv</h3>";
25  echo "<table>";
26  while ($reihe = mysqli_fetch_array($result)) {
27   $cover = "bilder/".$reihe['dvd_cover'];
28   $titel = utf8_encode($reihe['dvd_titel']);
29   $jahr = "Jahr: ".$reihe['dvd_jahr'];
30   $laenge = "Dauer: ".$reihe['dvd_min']." min";
31   $genre = "Genre: ".utf8_encode($reihe['dvd_genre']);
32   $fsk = "FSK: ".$reihe['dvd_fsk'];
33   echo "<tr><td><img src='$cover'></td>
34   <td><strong>$titel</strong><br><br>$jahr<br>$laenge<br>
35   $genre<br>$fsk</td></tr>";
36  }
37  echo "</table>";
38
39  //Beenden der Verbindung
40  mysqli_close($datenbank);
41 ?>
42 </body>
43 </html>
```

Datenabfrage mit SQL-Befehl

Wie im letzten Kapitel besprochen, erfolgen die Abfragen (engl.: query) in einer Datenbank mit der Abfragesprache SQL (Structured Query Language).

Für den Datenbankzugriff mit PHP muss die gewünschte SQL-Anweisung im Befehl `mysqli_query()` angegeben werden (Zeile 19). Im Beispielskript lautet die SQL-Anweisung `SELECT * FROM $tabelle ORDER BY dvd_titel`. Die Anweisung ist fast selbsterklärend: Wähle alle (*) Datensätze der Tabelle und ordne sie alphabetisch nach ihrem Titel.

Anzeige der Datensätze

Die SQL-Anweisung wird in Zeile 19 in der Variablen `$result` gespeichert. Für die Übertragung der Daten aus der Datenbank sorgt `mysqli_fetch_array()`. Der Befehl trägt die Daten eines kompletten Datensatzes (also einer Tabellenzeile) in ein Array namens `$reihe` ein. Der Zugriff auf die einzelnen Datenfelder erfolgt entweder durch Angabe der Spaltennummer, z. B. `$reihe[1]`, oder durch Angabe des Feldnamens, z. B. `$reihe['dvd-titel']`.

Um alle Datensätze anzuzeigen, wird eine `while`-Schleife verwendet (Zeile 26). Ihre Bedingung ist so lange erfüllt, bis alle Datensätze ausgelesen wurden.

Zur Anzeige werden die Inhalte des Arrays `$reihe` zunächst in Textvariable übertragen. Diese werden im zweiten Schritt in einer Tabellenzeile ausgegeben. Damit die Umlaute korrekt angezeigt werden, muss bei Texten die Funktion `utf8_encode()` ergänzt werden (z.B. Zeile 28).

Eine Besonderheit stellt die Variable `$cover` dar, da sie den Pfad zu den DVD-Cover-Dateien speichert, die sich im Bilder-Ordner befinden Die Anzeige erfolgt über das HTML5-Tag `<img>` in Zeile 33.

Die Formatierung der Tabelle geschieht mit CSS3 und ist im Quellcode nicht angegeben.

Verbindung zum DBS beenden

Die geöffnete Verbindung zum Datenbankserver wird in Zeile 40 wieder beendet: `mysqli_close()`.

Making of ...

1 Öffnen Sie die Datei *dvd_archiv.php* und geben Sie das Skript der vorherigen Seite ein.

2 Testen Sie Ihr Programm nicht erst nach Eingabe des gesamten Codes, sondern immer wieder zwischendurch, z. B. nach Eingabe der Zeilen 10/11, dann nach den Zeilen 14/15 usw. Auf diese Weise lassen sich Fehler viel einfacher finden und beheben.

3 Wenn alles funktioniert, müsste Ihr DVD-Archiv angezeigt werden wie im Screenshot dargestellt.

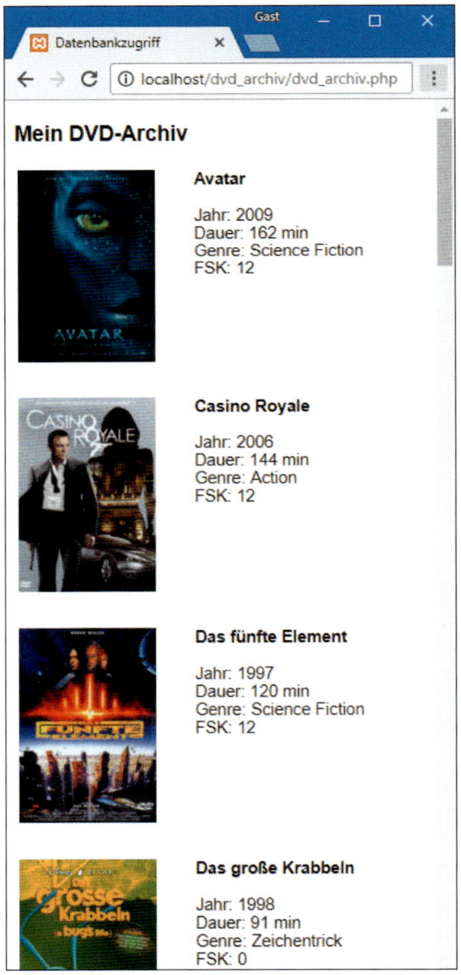

Datenbankzugriff

Alle Datensätze werden in tabellarischer Form angezeigt. Die Bilder werden nicht aus der Datenbank, sondern aus einem separaten Verzeichnis geladen.

4.6.3 Datensätze filtern

Ein großer Vorteil von Datenbanken besteht darin, dass der Nutzer beliebige Anfragen an die Datenbank stellen kann und damit nur die gewünschten Daten angezeigt bekommt. Um dies zu demonstrieren, erstellen wir das Web-Interface rechts oben, das es dem Nutzer gestattet, die Datensätze nach bestimmten Kriterien zu filtern.

Formular

Im ersten Schritt erstellen Sie das Formular, mit dem die DVD-Suche nach folgenden Kriterien möglich sein soll:

- Filmtitel (oder Anfangsbuchstaben),
- Filmgenre und/oder
- Altersfreigabe (FSK).

Making of ...

1 Starten Sie *NetBeans* und öffnen Sie Ihr Projekt *DVD-Archiv*.

2 Erstellen Sie im Menü *Datei > Neue Datei...* eine Datei vom Typ *HTML File*. Geben Sie der Datei z. B. den Namen *dvd_formular.html*.

3 Erstellen Sie ein HTML5-Formular, das die Suche nach folgenden Kriterien ermöglicht:
– Filmtitel,
– Filmgenre und/oder
– Altersfreigabe (FSK).
Orientieren Sie sich am Screenshot bzw. am Listing rechts unten.

4 Achten Sie darauf, dass die Schreibweise im Formular mit der Schreibweise in der Datenbank exakt überstimmt. Beispiel: Schreiben Sie im Formular „Komödien“ und in der Datenbank „Komödie“, wird die Abfrage keine Ergebnisse bringen, da keine Übereinstimmung vorliegt.

5 Geben Sie bei `action` die Datei an, die nach Anklicken des Suchen-Buttons aufgerufen werden soll (hier: *dvd_result.php*).

Datenbankzugriff
Nach Anklicken des Suchen-Buttons werden die eingegebenen Daten mittels Methode `post` an die Datei *dvd_result.php* übertragen. Auf diese Weise werden die Filterkriterien für den Zugriff auf die Datenbank übergeben. Auf der nächsten Seite finden Sie das Listing der Datei *dvd_result.php*[1].

- Zunächst werden die Formulardaten aus dem globalen Array `$_POST` in Textvariablen gespeichert.
- Im nächsten Schritt überprüft eine `if`-Anweisung, ob überhaupt ein Eintrag gemacht bzw. ein Menüpunkt gewählt wurde. Ist dies nicht der Fall, wird die Variable auf % gesetzt. Der Platzhalter steht für „ohne Einschränkung“.
- Der SQL-Befehl für den Datenbankzugriff wurde um die `WHERE-LIKE`-Klausel erweitert: Sie enthält die Filterkriterien, die über `AND` miteinander verbunden sind.
- Durch das %-Zeichen an der Variable `$film` in Zeile 25 wird es möglich, dass nicht der gesamte Filmtitel eingegeben werden muss, sondern beispielsweise ein Anfangsbuchstabe

1 Über Formulare kann Schadcode eingeschleust werden. Das hier vorgestellte Skript enthält Sicherheitslücken und ist zum Einsatz im Internet nicht geeignet.

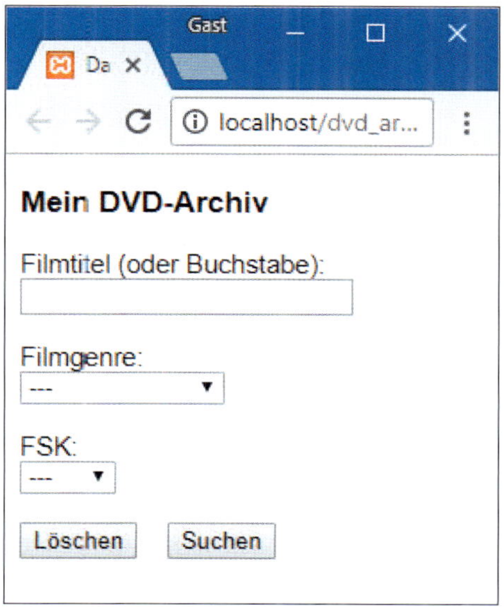

Formular zur Abfrage

Beispiel

```
<form name="dvd-archiv" action="dvd_
result.php" method="post">
 <div>Filmtitel (oder Buchstabe):</div>
 <input type="text" name="film"
 size="22"><br><br>

 <div>Filmgenre:<br>
 <select name="kategorie">
  <option>---</option>
  <option>Action</option>
  <option>Science Fiction</option>
  <option>Zeichentrick</option>
  <option>Familie</option>
  <option>Komödie</option>
  <option>Drama</option>
 </select></div><br>

 <div>FSK:<br>
 <select name="alter">
  <option>---</option>
  <option>ohne</option>
  <option>6</option>
  <option>12</option>
  <option>16</option>
  <option>18</option>
 </select></div><br>

 <input  type="reset" value="Löschen">
 <input  type="submit" name="los"
 value="Suchen">
</form>
```

Datensätze filtern
Mit Hilfe eines Formulars können die gewünschten Suchkriterien eingegeben werden.

Datensätze filtern

Beispiel

```
<!DOCTYPE HTML>
<html>
<head>
 <title>Datenbankzugriff</title>
 <meta charset="UTF-8">
</head>
<body>
<?php
 $film = utf8_decode($_POST["film"]);
 if ($film == "") {$film = "%";}
 $kategorie = utf8_decode($_POST["kategorie"]);
 if ($kategorie == "---") {$kategorie = "%";}
 $alter = $_POST["alter"];
 if ($alter == "---") {$alter = "%";}

 //Verbindung zum DBS
 ... (Zeilen 10/11 auf Seite 81)

 //Verbindung zur DB
 ... (Zeilen 14/15 auf Seite 81)

 //SQL-Abfrage
 $tabelle = "meine_dvd";
 $result = mysqli_query($datenbank,"SELECT * FROM
 $tabelle WHERE (dvd_titel LIKE '$film%' AND dvd_genre
 LIKE '$kategorie' AND dvd_fsk LIKE '$alter') ORDER BY
 dvd_titel") or die("Fehler: ".mysqli_error());

 //Ausgabe der Ergebnisse
 $titel="";
 ... (Zeilen 24 bis 37 auf Seite 81)
 if ($titel=="") echo "Kein Film gefunden...";

 //Beenden der Verbindung
 ... (Zeile 40 auf Seite 81)
?>
</body>
</html>
```

genügt. Das Prozentzeichen % steht stellvertretend für weitere Zeichen.

- Vor der Ausgabe wird die Variable `$titel` auf leer ("") gesetzt. Wird kein Film gefunden, bleibt `$titel` leer und es wird die Meldung „Kein Film gefunden..." ausgegeben.

Making of ...

1 Erstellen Sie in *NetBeans* eine neue PHP-Datei und speichern Sie sie unter *dvd_result.php* ab.

2 Da das neue Skript in großen Teilen mit dem Skript in *dvd_archiv.php* übereinstimmt, z. B. die Verbindung zum DBS und zur DB, können Sie diese Zeilen über Copy & Paste einfügen.

3 Ergänzen Sie die neuen Zeilen.

4 Führen Sie die Datei *dvd_formular.html* aus. Testen Sie verschiedene Eingaben, um die Funktion zu überprüfen.

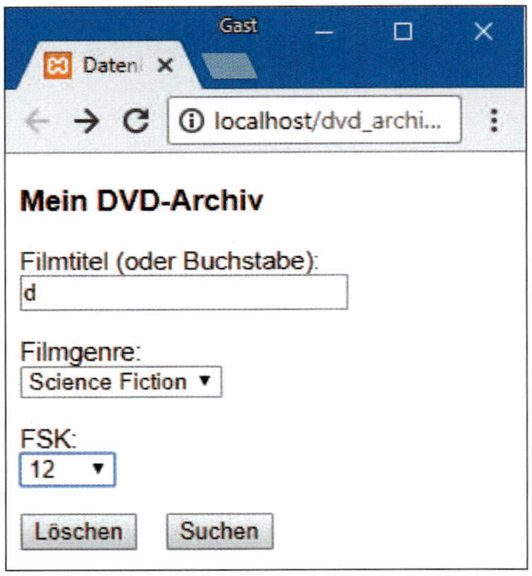

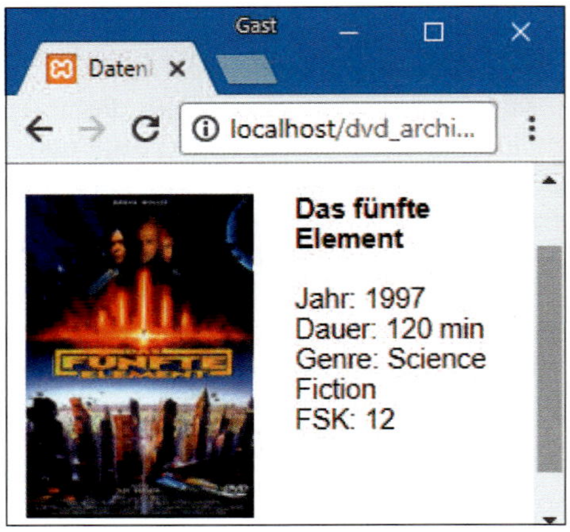

4.6.4 Datensätze hinzufügen

Die Eingabe neuer Datensätze ist mit Hilfe von *phpMyAdmin* zwar möglich, aber wenig anwenderfreundlich. Aus diesem Grund wollen wir in diesem Kapitel ein Web-Interface realisieren, das ein komfortables Einpflegen neuer Filme sowie den Upload des Covers ermöglicht.

Bitte beachten Sie auch hier, dass wir in diesem Buch aus Platzgründen nicht auf mögliche Sicherheitslücken eingehen. Es ist nicht ohne Risiko, Nutzern das Uploaden von Dateien zu gestatten, denn statt harmloser Bilddaten könnte die Datei auch ausführbaren Code enthalten. Sorgen Sie deshalb in jedem Fall dafür, dass sich der Nutzer durch Benutzername und Passwort identifizieren muss, bevor Sie ihm derartige Möglichkeiten eröffnen. Für lokale Tests der Upload-Funktion gelten die beschriebenen Sicherheitsbedenken nicht.

Schreibrecht

Um Dateien in ein hierfür vorgesehenes Verzeichnis hochladen zu können, benötigen Sie das Schreibrecht auf dieses Verzeichnis.

Wenn Sie mit einem lokalen Webserver an Ihrem „Mac" oder Windows-PC arbeiten, ist der Schreibzugriff auf Verzeichnisse gestattet. Im Internet kommen häufig Webserver zum Einsatz, die Linux oder UNIX-Systeme verwenden. Zur Überprüfung, ob Sie Schreibrecht auf ein Verzeichnis haben, melden Sie sich, z. B. per FTP, am Server an. Durch Rechtsklick auf das gewünschte Verzeichnis, können Sie unter „Eigenschaften" die getroffenen Einstellungen abfragen. Der Screenshot zeigt die Einstellungen des Verzeichnisses *htdoc*:

- R steht für *Read*, Leserecht
- W steht für *Write*, Schreibrecht

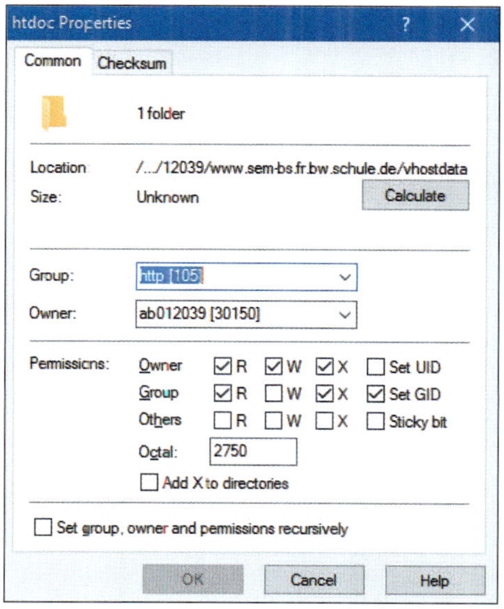

- X steht für *eXecute*, das Recht, Programme auszuführen

In Abhängigkeit von den Benutzergruppen *Owner* (Eigentümer), *Group* (angelegte Benutzergruppen) oder *Others* (alle Benutzer) können Sie hier die Rechte vergeben.

Formular

Im ersten Schritt erstellen Sie das HTML5-Formular zur Eingabe neuer Datensätze sowie zur Auswahl des gewünschten Covers.

Making of ...

1 Starten Sie *NetBeans* und öffnen Sie Ihr Projekt *DVD-Archiv*.

2 Erstellen Sie im Menü *Datei > Neue Datei...* eine Datei vom Typ *HTML File*. Geben Sie der Datei z. B. den Namen *dvd_eingabe.html*.

3 Erstellen Sie ein HTML5-Formular, das die Eingabe eines vollständigen

Dateizugriff

In den Eigenschaften eines Verzeichnisses können Zugriffsrechte festgelegt werden. Ein Schreibrecht darf nur autorisierten Personen vergeben werden.

Datensätze eingeben

Mit Hilfe eines Formulars werden alle erforderlichen Informationen erfasst sowie die Cover-Datei ausgewählt.

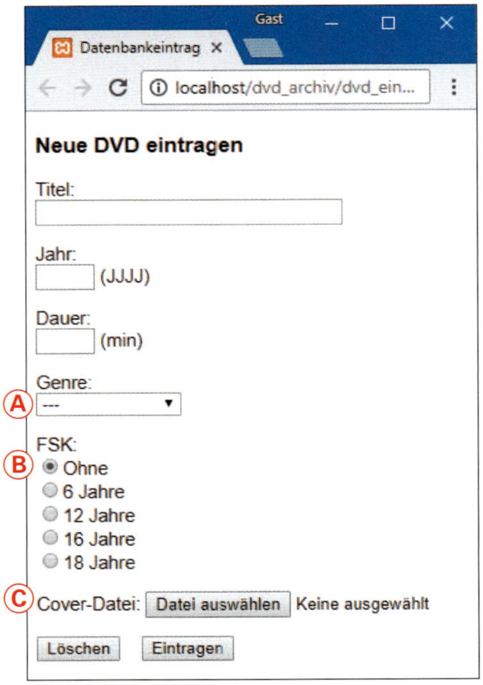

Datensatzes samt Auswahl des Filmcovers ermöglicht:

– Filmtitel
– Erscheinungsjahr
– Filmdauer in Minuten
– Filmgenre (Menü mit Auswahlliste)
– FSK (Menü mit Auswahlliste)

Orientieren Sie sich am Screenshot bzw. am Listing.

4 Für das Filmgenre sowie die FSK-Angabe empfiehlt es sich, entweder ein Menü mit Auswahlliste **A** oder Radiobuttons **B** zu realisieren. Auf diese Weise können die Nutzer nur vorgegebene Begriffe auswählen.

5 Zur Auswahl des Filmcovers benötigen Sie ein Formularfeld des Typs `file` **C**. Im Formular erscheint hierdurch ein Button *Datei auswählen*, der den Zugriff auf das Dateisystem Ihres Computers ermöglicht. Damit der Upload funktioniert, müssen Sie im Formularkopf den sogenannten `enctype` angeben. Dies bewirkt, dass beim Upload der Dateiinhalt und nicht bloß der Dateiname übertragen wird.

6 Geben Sie bei `action` die Datei an, die nach Anklicken des Suchen-Buttons aufgerufen werden soll

Formular zur Eingabe

Beispiel

```
<form enctype="multipart/form-data"
name="dvd-archiv" action="dvd_in-
sert.php" method="POST">
 <div>Titel:<br>
 <input type="text" name="titel"
 size="30"></div>
 <div>Jahr:<br>
 <input type="text" name="jahr"
 maxlength="4" size="2"> (JJJJ)</div>
 <div>Dauer:<br>
 <input type="text" name="dauer"
 maxlength="3" size="2"> (min)</div>
 <div>Genre:<br>
 <select name="genre">
  <option>---</option>
  <option>Action</option>
  <option>Science Fiction</option>
  <option>Zeichentrick</option>
  <option>Familie</option>
  <option>Komödie</option>
  <option>Drama</option>
 </select></div>
 <div>FSK:<br>
 <input type="radio" name="fsk"
 value="0" checked="checked">
 Ohne<br>
 <input type="radio" name="fsk"
 value="6" >6 Jahre<br>
 <input type="radio" name="fsk"
 value="12" >12 Jahre<br>
 <input type=“radio“ name=“fsk“
 value=“16“ >16 Jahre<br>
 <input type=“radio“ name=“fsk“
 value=“18“ >18 Jahre<br>
 <div>Cover-Datei:
 <input name="cover" type="file">
 </div>
 <input  type="reset" value="Löschen">
 <input  type="submit" name="los"
 value="Eintragen">
</form>
```

(hier: *dvd_insert.php*). Als Methode muss hier POST zwingend gewählt werden, da sonst der Upload des Bildes nicht funktioniert.

Datenbankzugriff
Nach Anklicken des Buttons *Eintragen* werden die eingegebenen Daten mittels Methode `post` an die Datei *dvd_insert.php* übertragen. In dieser Datei wird der neue Datensatz mit Hilfe des SQL-Befehls `INSERT INTO` in die Datenbank eingetragen und die ausgewählte Cover-Datei in das Bilderverzeichnis kopiert.

- Beim Erstellen der Datenbank wurde festgelegt, dass der Primärschlüssel automatisch generiert und hochgezählt wird (siehe Seite 76). Aus diesem Grund entfällt der Eintrag in Zeile 27.
- In der globalen Variablen `$_FILES` werden Informationen über die zu übertragende Datei abgespeichert (Zeilen 14/15). In der ersten eckigen Klammer muss der Name des zugehörigen Formularfeldes angegeben werden. In der zweiten Klammer wird die gewünschte Information abgefragt:
  - Dateiname: `["name"]`
  - Dateiart: `["type"]`
  - Dateigröße: `["size"]`
  - Temp. Dateiname: `["tmp_name"]`
- Die zunächst temporär gespeicherte Datei wird in Zeile 32 mit Hilfe des Befehls `move_uploaded_file()` im angegebenen Verzeichnis gespeichert. Das Skript bewirkt also den Eintrag des Dateinamens in die Datenbank und sorgt außerdem dafür, dass die Bilddatei mit dem Filmcover hochgeladen wird.
- Fehlende oder falsche Eingaben werden im Skript noch nicht berücksichtigt und führen zu Fehlermeldungen.

Datensatz einfügen

Beispiel

```
1  <!DOCTYPE HTML>
2  <html>
3  <head>
4   <title>Datenbankzugriff</title>
5   <meta charset="UTF-8">
6  </head>
7  <body>
8  <?php
9   $titel = utf8_decode($_POST["titel"]);
10  $jahr = $_POST["jahr"];
11  $dauer = $_POST["dauer"];
12  $genre = utf8_decode($_POST["genre"]);
13  $fsk = $_POST["fsk"];
14  $cover = $_FILES["cover"]["name"];
15  $hilfscover = $_FILES["cover"]["tmp_name"];
16
17  //Verbindung zum DBS
18  ... (Zeilen 10/11 auf Seite 81)
19
20  //Verbindung zur DB
21  ... (Zeilen 14/15 auf Seite 81)
22
23  //SQL-Abfrage
24  $tabelle = "meine_dvd";
25  $einfuegen = "INSERT INTO $tabelle (dvd_id,dvd_titel,
26  dvd_jahr, dvd_min, dvd_genre, dvd_fsk, dvd_cover) VALUES
27  ('','$titel',$jahr,$dauer,'$genre',$fsk,'$cover')";
28  mysqli_query($datenbank, $einfuegen) or die("Fehler: ".
29  mysqli_error());
30
31  //Datei hochladen
32  move_uploaded_file($hilfscover, "bilder/".$cover);
33
34  echo "Neue DVD eingefügt!";
35
36  // Verbindung beenden
37 ... (Zeile 40 auf Seite 81)
38 ?>
39  </body>
40 </html>
```

Making of ...

1. Erstellen Sie in *NetBeans* eine neue PHP-Datei und speichern Sie sie unter *dvd_insert.php* ab.
2. Kopieren Sie die identischen Zeilen aus *dvd_archiv.php* und ergänzen Sie die neuen Zeilen.
3. Führen Sie die Datei *dvd_eingabe.html* aus.

4.6.5 Datensätze löschen

Zur Vervollständigung unseres DVD-Archivs soll nun noch die Möglichkeit bestehen, DVD-Einträge aus der Datenbank zu löschen. Hierzu werden alle in der Datenbank erfassten Titel ausgelesen, angezeigt und durch einen Löschen-Button ergänzt.

- Aus jedem Datensatz der Datenbank werden der Titel (`dvd_titel`) sowie die Kennnummer (`dvd_id`) des Films entnommen. Während der Titel angezeigt wird, befindet sich die Kennnummer in einem versteckten Formularfeld (Zeile 26).
- Bislang hatte das Anklicken des Senden-Buttons in einem Formular immer den Aufruf einer unter `action` definierten Datei zur Folge. In diesem Beispiel fehlt der Parameter `action`. Hierdurch wird das PHP-Skript in der aktuellen Datei fortgesetzt.
- Die `if`-Anweisung (Zeile 33) wird ausgeführt, wenn die Variable `$loeschen` einen Wert besitzt (`isset`). Dies ist genau dann der Fall, wenn auf einen der Löschen-Buttons geklickt wird.
- Der SQL-Befehl `DELETE FROM... WHERE` löscht den Datensatz mit der in `$id` übergebenen Kennnummer. Um die Änderung sehen zu können,

Datensatz einfügen

Beispiel

```
1  <!DOCTYPE HTML>
2  <html>
3   <head>
4   <title>Datenbankeintrag löschen</title>
5   <meta charset="UTF-8">
6  </head>
7  <body>
8   <h3>DVD löschen</h3>
9   <?php
10  //Verbindung zum DBS
11  ... (Zeilen 10/11 auf Seite 81)
12
13  //Verbindung zur DB
14  ... (Zeilen 14/15 auf Seite 81)
15
16  //SQL-Abfrage
17  ... (Zeilen 18/21 auf Seite 81)
18
19  //Ausgabe der Ergebnisse mit Löschen-Button
20  echo "<table>";
21  while($reihe = mysqli_fetch_array($result)){
22  $id = $reihe["dvd_id"];
23  $titel = utf8_encode($reihe["dvd_titel"]);
24  echo "<tr><td width='200'>$titel</td>
25  <td><form method='POST'>
26  <input type='hidden' name ='id' value='$id'>
27  <input type='submit' name='loeschen' value='Löschen'>
28  </form></td></tr>";
29  }
30  echo "</table>";
31
32  //Datensatz löschen
33  if (isset($_POST["loeschen"])){
34  $loeschen = $_POST["loeschen"];
35  $id = $_POST["id"];
36  $tabelle = "meine_dvd";
37  $loesche = "DELETE FROM $tabelle WHERE dvd_id = $id";
38  mysqli_query($datenbank,$loesche) or
39  die ("Fehler: ".mysqli_error());
40  echo "Eintrag gelöscht";
41  }
42
43  /* Verbindung zum Datenbankserver beenden */
44  ... (Zeile 40 auf Seite 81)
45  ?>
46 </body>
47 </html>
```

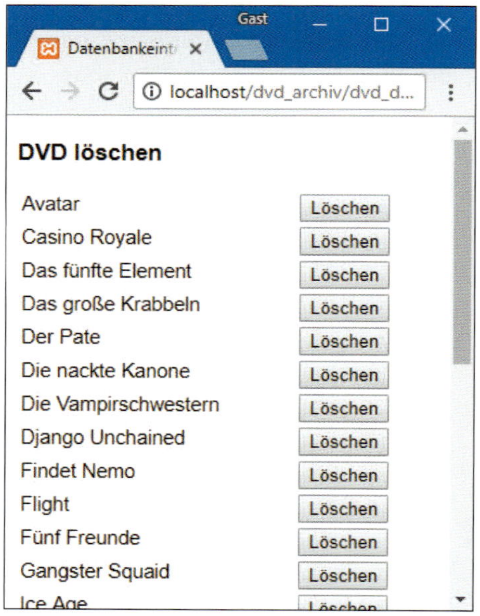

müssen Sie die Seite neu laden (Reload-Button). Achtung: Wenn die `WHERE`-Klausel fehlt, wird die gesamte Tabelle gelöscht.

Der Vollständigkeit halber wollen wir erwähnen, dass die Bilddateien mit den Filmcovern auf diese Weise nicht gelöscht werden. Um Dateien zu löschen, stellt PHP den Befehl `unlink()` zur Verfügung.

Making of ...

1 Erstellen Sie in *NetBeans* eine neue PHP-Datei und speichern Sie sie unter *dvd_delete.php* ab.

2 Kopieren Sie die identischen Zeilen aus der Datei *dvd_archiv.php* und ergänzen Sie die neuen Zeilen.

3 Testen Sie die Datei. Um zu sehen, ob ein Eintrag gelöscht wurde, müssen Sie die Seite neu laden.

4.7 Aufgaben

1 Datenbank-Fachbegriffe kennen

Gegeben ist folgende Auftragstabelle eines Schreibwarenhandels:

ANr	Datum	Kunde	Produkt	Menge
1	11.11.17	Schulz	Klebstoff	3
2	12.01.18	Schmitt	Schere	2
3	09.02.18	Wagner	Hefter	1
4	10.03.18	Maier	Locher	1
5	09.05.18	Huber	Ordner	5

a. Tragen Sie die Buchstaben in der Tabelle ein.
   - **A** Datensatz
   - **B** Datenfeld
   - **C** Attribut
   - **D** Schlüssel
   - **E** Feldname

b. Nennen Sie die Datentypen, die in der Tabelle vorkommen.

2 Datenbanken entwerfen

Erklären Sie die Bedeutung der beiden Hauptforderungen an den Datenbankentwurf:

a. Datenkonsistenz

b. Redundanzfreiheit

3 SQL-Befehle anwenden

Gegeben ist eine Kundendatenbank (siehe unten). Formulieren Sie SQL-Abfragen:

a. Alle Datensätze anzeigen

b. Alle Datensätze anzeigen, sortiert nach Ort

c. Alle Datensätze mit Namen „Eberle“ anzeigen

kunden

KNr	Name	Vorname	Strasse	Plz	Ort	Telefon
1	Schlund	Patrick	Hauptstraße 13	77960	Seelbach	07823 1312
2	Müller	Bernd	Mühlgasse 1	77933	Lahr	07821 96484
3	Dreher	Franz	Gartenstraße 15	76133	Karlsruhe	0721 124576
4	Eberle	Markus	Mozartstraße 11	79540	Lörrach	07621 77889
5	Eberle	Maria	Vogelsang 12	79104	Freiburg	0761 456456

d. Einen neuen Datensatz einfügen: Schmitt, Isabel, Mattweg 12, 77933 Lahr, 07821 335566

e. Datensatz mit der KNr 4 ändern: 07621 98877.

f. Datensatz mit der KNr 2 löschen.

4 Vorteile von Datenbanken kennen

Zählen Sie drei Vorteile auf, die eine Datenbank im Vergleich zu Text- bzw. CSV-Dateien bietet.

1

2

3

5 Datenbank-Fachbegriffe kennen

a. Erklären Sie den Unterschied zwischen einem Datenbanksystem und einer Datenbank.

b. Nennen Sie drei Datenbanksysteme.

1.

2.

3.

6 Interface für DVD-Archiv realisieren

Erstellen Sie eine Datei *index.html* zur Auswahl der vier Optionen Ihres DVD-Archivs.

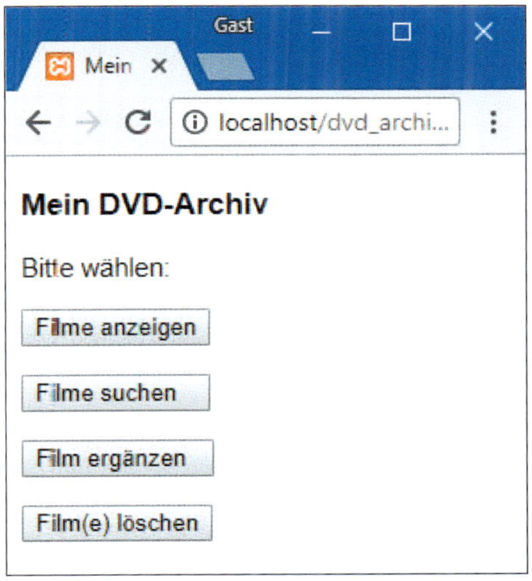

5.1 Lösungen

5.1.1 Grundlagen

1 Statische und dynamische Webseiten unterscheiden

Statische Webseiten benötigen für jede angefragte Seite eine Datei.
Dynamische Webseiten werden auf Anfrage erzeugt.

2 Ablauf dynamischer Anfragen kennen

8	Anzeige der Seite im Browser
1	Eingabe eines Suchbegriffs
4	Anfrage an Datenbank
2	HTTP-Request an Webserver
6	PHP-Interpreter erzeugt HTML5
5	Suchergebnis aus Datenbank
7	HTTP-Response an Client
3	PHP-Interpreter wertet Anfrage aus

3 Webtechnologien kennen

a. JavaScript: Clientseitige Skriptsprache zur Realisation interaktiver Webseiten
b. PHP: Serverseitige Skriptsprache zur Realisation dynamischer Webseiten
c. NetBeans IDE: Entwicklungsumgebung für verschiedene Programmiersprachen.
d. Apache: Weitverbreiteter Webserver für Linux, Windows und macOS
e. XAMPP: Softwarepaket mit Webserver und Datenbankserver

4 Merkmale einer Variablen kennen

a. Variable sind Speicherplätze für Daten, z. B. für Zahlen oder Text.
b. PHP-Variable:
   - $ am Anfang
   - keine Ziffer als 2. Zeichen
   - keine Sonderzeichen, Umlaute
c. JavaScript:
   - Buchstabe am Anfang
   - keine Sonderzeichen, Umlaute
   - Unterscheidung Groß- und Kleinschreibung

5 PHP-Variable kennen

x	`$Nachname`
	`Wohnort`
	`$E-Mail`
	`&plz`
	`$1a`
	`$Maße`
x	`$mein_name`

6 Variablennamen vergeben

a. Der Name soll einen Bezug zum Inhalt herstellen.
b. Sprechende Namen:
   - kundennummer
   - bestellmenge
   - aktuellesDatum

7 Wertzuweisung verstehen

a. 0 – 5 – 8 – 9
b. Wertzuweisung: =
   Prüfung auf Gleichheit: ==

P. Bühler, P. Schlaich, D. Sinner, *Webtechnologien*, Bibliothek der Mediengestaltung,
https://doi.org/10.1007/978-3-662-54730-4

8 Variable anwenden

Dra Chanasan mat dam Kantrabass!

9 if-Verzweigung verstehen

a. 5
b. 0.2
c. Division unmöglich
d. 0

10 Zählschleife programmieren

```
<?php
for ($i=1; $i<100; $i =$i+2)[1]
echo $i."<br>";
?>
```

11 Schleifen verstehen

a. Variante 1:
   10 9 8 7 6 5 4 3 2 1
   Variante 2:
   9 8 7 6 5 4 3 2 1 0
b. Variante 1:
   `while (zahl >= 0) {...}`
c. Variante 2:
   `var zahl = 11;`

12 Arrays (Felder) kennen

a. Mehrere Daten (Datensatz) werden in einer Variablen gespeichert.
b. Produkt (Name, Best.-Nr., Preis)
   Song (Titel, Interpret, Länge)

13 Array programmieren

```
document.write(adresse[0] +
" " + adresse[1] + "<br>" +
adresse[2] + " " + adresse[3]
+ "<br>" + adresse[4] + " " +
adresse[5] + "<br>");
```

1 Die Klammer kann entfallen, da nur eine Anweisung folgt.

14 Fehler suchen

a. Das Programm enthält eine Endlosschleife, da die Abbruchbedingung niemals erfüllt wird.
b. `while ($i < 100) {...}`

15 Funktionen programmieren

a.
```
<?php
function strafe() {
echo „<table>“;
for ($i = 1; $i<=100; $i++) {
  echo „Ich muss besser
  aufpassen! <br>“;
}
echo „</table>“;
}
strafe();
?>
```
b.
```
function strafe($z) {
...
for ($i = 1; $i<=$z; $i++) {
...
strafe(50);
```

16 Klassen und Objekte unterscheiden

a. Klasse Auto
   Eigenschaften: Marke, Modell, Farbe, Baujahr
   Methoden: Auto fährt gerade, Auto fährt rückwärts, Auto parkt, Auto springt nicht an
b. Objekte einer Klasse sind *real existierend* und besitzen (erben) konkrete Eigenschaften der Klasse, z. B.: Mercedes, E-Klasse, blau, 2017

17 Programme kommentieren

a. `// Ich bin ein Kommentar`
b.
```
/* Ich bin ein Kommentar, der
sich über mehrere Zeilen er-
streckt. */
```

5.1.2 JavaScript

1 Die Funktion von JavaScript kennen

a. Die Ausführung des Skripts erfolgt durch den Webbrowser und nicht auf dem Webserver.
b. Anwendungsbeispiele:
   - Vollständigkeitsprüfung von Formularen
   - Interaktive Elemente, z. B. Menüs, animierte Buttons
   - Auswertung von Benutzereingaben z. B. mit Ajax
c. Damit die Website auch bei deaktiviertem JavaScript funktioniert.

2 JavaScript einbinden

- Aufruf einer externen JS-Datei
- Einfügen des Skripts im Dateikopf oder -körper der HTML5-Datei

3 Variable verwenden

- +
- *
- < (oder ==)
- > (oder != oder <>)

4 Benutzereingaben auswerten

```
var gr = window.prompt
("Körpergröße in cm:");
var gew = window.prompt
("Körpergewicht in kg:");
berechneBmi(gew, gr);
```

5 Neue Fenster erzeugen

```
onclick=
"window.open('',
'fenster','width=400,height=300
,top=100,left=200')"
```

6 E-Mail-Link verschleiern

a. `Schreiben Sie uns: gustav_gans@web.de`
b. Adresse wird durch Suchprogramme nicht gefunden.

7 Formulare erstellen und überprüfen

a. HTML5-Formular:

```
<form name="pizza"
onsubmit="return check()">
<div>Wählen Sie die Größe:</div>
<select name="groesse">
  <option>...</option>
  <option>Mini (15 cm)</option>
  <option>Maxi (30 cm)</option>
  <option>Party (45 cm)</option>
</select><br>
<div>Wählen Sie die Zutaten:
</div>
input type="checkbox"
name="belag1">Salami<br>
<input type="checkbox"
name="belag2">Schinken<br>
<input type="checkbox"
name="belag3">Ananas<br>
<input type="checkbox"
name="belag4">Pilze<br><br>
<input name="abschicken"
type="submit"
value="bestellen">
</form>
```

b. JavaScript-Funktion:

```
function check() {
  var f = document.pizza;
  var text = "";
  if (f.groesse.options[0].
  selected) {
  text = text + "- Größe\n";
  }
  if (!f.belag1.checked &&
  !f.belag2.checked &&
  !f.belag3.checked &&
  !f.belag4.checked) {
  text = text + "- Belag\n";
```

```
  }
  if (text) {
  window.alert("Bitte wählen
  Sie:\n" + text);
  return false
  }
return true;
}
```

Hinweis: Die Texte werden hier mit Hilfe einer Variablen zu einem Gesamttext verbunden und erst am Schluss ausgegeben. Die Anweisung \n bewirkt einen Zeilenumbruch.

8 Formulare erstellen und überprüfen

a. HTML5-Formular

```
<form name="benzin"
onsubmit="return berechne()">
<div>Gefahrene Kilometer:</div>
<input type="text" name="km"
size="5"><br>
<div>Benzinmenge in Liter:</
div>
<input type="text" name="liter"
size="5"><br>
<input name="abschicken"
type="submit" value="berechnen">
</form>
```

b. JavaScript-Funktion

```
function berechne() {
var f = document.benzin;
var kilometer = f.km.value;
var benzin = f.liter.value;
var verbrauch = benzin * 100 /
kilometer;
window.alert("Ihr Benzin-
verbrauch: " + verbrauch.
toFixed(1) + " Liter auf 100
km");
}
```

9 Einsatz von Ajax verstehen

a. Bei Ajax reagiert der Server auf Eingaben sofort (und ohne Mausklick).

b. Anwendungen:
   - Vervollständigung von Suchbegriffen
   - Nachladen von Bildern, Landkarten
   - Software funktioniert ohne Installation
   - Live-Kommunikation in sozialen Netzwerken

10 Framework kennen

Ein Framework erweitert die Möglichkeiten einer Programmiersprache und erleichtert die Programmierung.

5.1.3 PHP

1 Formular auswerten

a. HTML5-Formular:

```
<form action="quiz.php"
 method="get">
 <h2>HTML-Quiz</h2>
 <div>Dein Name: <br>
 <input type="text" name="name"
 size="30"></div><br>
 <div>Wofür steht die Abkürzung
 HTML?<br>
 <input type="radio" name="antwort"
 value="falsch">Hypertext
 Marker Language<br>
 <input type="radio" name="antwort"
 value="korrekt">Hypertext
 Markup Language <br>
 <input type="radio" name="antwort"
 value="falsch">Hyper Textlink
 Markup Language <br>
 <input type="radio" name="antwort
 value="falsch">Hypertext
 Making Language<br><br>
 <input type="submit" name="senden"
 value="Auswertung">
 </div>
</form>
```

b. PHP-Skript:

```
<?php
 echo "<h2>Auswertung</h2>";
 $antwort = $_GET["antwort"];
 $name = $_GET["name"];
 echo "$name, deine Antwort ist
 $antwort.";
?>
```

2 Formular auswerten

a. HTML5-Formular:

```
<form action="fahren.php"
 method="get">
 <h2>Führerschein-Test</h2>
 <div>Dein Alter:
 <input type="text" name="alter"
 size="1">
 </div><br>
 <div>Welchen Führerschein
 willst du machen?<br>
 <input type="radio" name="antwort"
 value="Mofa">Mofa<br>
 <input type="radio" name="antwort"
 value="A1">A1 Leichtkraftrad
 bis 125 ccm<br>
 <input type="radio" name="antwort"
 value="A">A Motorrad bis 25
 kW<br>
 <input type="radio" name="antwort"
 value="B">B Pkw<br>
 <input type="radio" name="antwort"
 value="C">C Lkw<br>
 <input type="radio" name="antwort"
 value="D">D Bus<br><br>
 <input type="submit" name=
 "senden" value="Auswertung">
 </div>
</form>
```

b. PHP-Skript:

```
<?php
 echo "<h2>Auswertung</h2>";
 $alter = $_GET["alter"];
 $antwort = $_GET["antwort"];
 $fahren = false;
 if ($alter >= 15 && $antwort
 == "Mofa")
 $fahren = true;
 if ($alter >= 16 && $antwort
 == "A1")
 $fahren = true;
 if ($alter >= 18 && ($antwort
 == "A" || $antwort == "B" ||
 $antwort == "C"))
 $fahren = true;
 if ($alter >= 21 && $antwort
 == "D")
 $fahren = true;
 echo "Du bist $alter Jahre
 alt.<br>";
 if ($fahren)
 echo "Den Führerschein $antwort
 kannst du machen!";
 else
 echo "Für den Führerschein
 $antwort bist du noch zu jung!";
?>
```

c. Zurück-Button:

```
<form action="fahrerlaubnis.html">
 <input type="submit"
 value="Nochmal?">
</form>
```

3 Counter realisieren

a. keine Musterlösung

b. PHP-Skript:

```
<?php
 if (!file_exists("counter.txt"))
 exit("Datei fehlt!");
 $count = fopen("counter.txt",
 "r");
 $aktuell = fgets($count, 10);
 echo "Sie sind unser $aktuell.
 Besucher!";
 fclose($count);
 $aktuell++;
 $count = fopen("counter.txt",
 "w");
 fputs($count, $aktuell);
 fclose($count);
?>
```

4 CSV-Datei auslesen

a. keine Musterlösung
b. PHP-Skript

```
<?php
 $datei = fopen("artikel.csv",
 "r");
 echo "<h2>Sportartikel</h2>";
 echo "<table>";
 while (!feof($datei)){
 $artikel=fgetcsv($datei,200,";");
 $bestnr=utf8_encode($artikel[0]);
 $produkt=utf8_encode($artikel[1]);
 $hersteller=utf8_encode
 ($artikel[2]);
 $preis=utf8_encode($artikel[3]);
 echo "<tr>
 <td width=‘60‘>$bestnr</td>
 <td width=‘100‘>$produkt</td>
 <td width=‘100‘>$hersteller</td>
 <td width=‘100‘>$preis</td>
 </tr>";
 }
 echo "</table>";
 fclose($datei);
?>
```

5 Datum und Uhrzeit anzeigen

PHP-Skript:

```
<?php
 echo "Heute ist der ".
 date("d.m.Y").", aktuell ist
 es ".date("H:i")." Uhr.";
?>
```

5.1.4 Datenbanken

1 Datenbank-Fachbegriffe kennen

a. **A** Zeilen
B einzelne Zellen
C Spalten
D Spalte mit eindeutiger Nummer
E Bezeichnung der Spalten

D		C	E		
ANr	Datum	Kunde	Produkt	Menge	
1	11.11.17	Schulz	Klebstoff	3	A
2	12.01.18	Schmitt	Schere	2	← B
3	09.02.18	Wagner	Hefter	1	
4	10.03.18	Maier	Locher	1	
5	09.05.18	Huber	Ordner	5	

b. Datentypen:
- Text (Kunde, Produkt)
- Datum
- Ganze Zahlen (ANr, Menge)

2 Datenbanken entwerfen

a. Datenkonsistenz:
Jeder Datensatz muss eindeutig identifizierbar sein.
b. Redundanzfreiheit:
Alle Daten werden nur ein einziges Mal gespeichert.

3 SQL-Befehle anwenden

Hinweis: Die SQL-Befehle sind zur besseren Lesbarkeit auf mehrere Zeilen verteilt. Sie können auch in eine Zeile geschrieben werden.

a.
```
SELECT *
FROM kunden;
```
b.
```
SELECT *
FROM kunden
ORDER BY "Ort";
```
c.
```
SELECT *
FROM kunden
WHERE Name="Eberle";
```
d.
```
INSERT INTO kunden
(Name, Vorname, Strasse,
Plz, Ort, Telefon) VALUES
("Schmitt","Isabel", "Mattweg
12","77933","Lahr", "07821
335566");
Hinweis: Angenommen wurde,
dass es sich bei sämtlichen
Attributen um Text handelt
```

und dass die Kundennummer automatisch erstellt wird.

e.
```
UPDATE kunden
SET Telefon ="07621 98877"
WHERE KNr = 4;
```

f.
```
DELETE FROM kunden
WHERE KNr = 2;
```

4 Vorteile von Datenbanken kennen

- Strukturierte und sichere Verwaltung großer Datenmengen
- Gezielter Zugriff auf Daten durch Abfragen
- Komfortable Eingabe neuer Daten, z.B. über Formulare
- Gleichzeitiger Zugriff durch mehrere Nutzer

5 Datenbank-Fachbegriffe kennen

a. Ein Datenbanksystem dient zur Erstellung und Verwaltung von Datenbanken.

b. Wichtige Datenbanksysteme:
   - Oracle
   - Microsoft SQL
   - Postgre SQL
   - MySQL
   - Microsoft Access

6 Interface für DVD-Archiv realisieren

```
<form name="dvd-archiv"
action="..." method="post">
<input type="submit" name="los"
value="Filme anzeigen">
</form><br>
<form name="dvd-archiv"
action="..." method="post">
<input type="submit" name="los"
value="Filme suchen">
</form><br>
<form name="dvd-archiv"
action="..." method="post">
<input type="submit" name="los"
value="Film ergänzen  ">
</form><br>
<form name="dvd-archiv" ac-
tion="..." method="post">
<input type="submit" name="los"
value="Film(e) löschen">
</form>
```

Hinweis: Tragen Sie bei "..." die von Ihnen vergebenen Dateinamen ein.

5.2 Links und Literatur

Links

Sehr gutes Online-Tutorial für JavaScript, HTML5, CSS3, PHP (Englisch):
www.w3schools.com

Online-Dokumentation für JavaScript, HTML5, CSS3, PHP (Englisch):
devdocs.io

Literatur

Christian Wenz et al
Das Website Kompendium
Markt+Technik 2016
ISBN 978-3959820295

Joachim Böhringer et al.
Kompendium der Mediengestaltung
IV. Medienproduktion Digital
Springer Vieweg 2014
ISBN 978-3642545825

Peter Bühler et al.
HTML5 und CSS3: Semantik - Design - Responsive Layouts
Springer Vieweg 2017
ISBN 978-3662539156

5.3 Abbildungen

S5, 1: Autoren
S6, 1: Autoren
S8, 1: CC0, https://pixabay.com/de/eier-packung-lebensmittel-1504992/ (Zugriff: 24.08.2017)
S14, 1: (Fotos) CC0, pixabay.com (Zugriff: 28.08.2017)
S17, 1: CC0, www.sxc.hu, ID: 1183538 (Zugriff: 03.10.2013)
S20, 1: CC0, https://pixabay.com/de/wasch-maschine-w%C3%A4scheservice-2668472/ (Zugriff: 29.08.2017)
S23, 1: CC0, www.sxc.hu, ID: 1075460 (Zugriff: 21.10.2013)
S24, 1: CC0, www.sxc.hu, ID: 656138 (Zugriff: 21.10.2013)
S43, 1, 2: Autoren
S54, 1: Autoren
S58, 1: Autoren
S71, 1: Autoren
S82, 1: Filmcover: www.amazon.de (Zugriff: 30.10.2017)
S84, 1: Filmcover: www.amazon.de (Zugriff: 30.10.2017)

5.4 Index